决胜全版权

网文版权运营精品案例解析

曹秋石 著

海峡出版发行集团 | 海峡文艺出版社

图书在版编目(CIP)数据

决胜全版权:网文版权运营精品案例解析/曹秋石著. —福州:海峡文艺出版社,2021.1
ISBN 978-7-5550-2512-2

Ⅰ.①决… Ⅱ.①曹… Ⅲ.①网络文学—版权—保护—研究—中国 Ⅳ.①D923.414

中国版本图书馆 CIP 数据核字(2020)第 251535 号

决胜全版权

——网文版权运营精品案例解析

曹秋石 著

责任编辑 莫 茜

出版发行 海峡文艺出版社

经　　销 福建新华发行(集团)有限责任公司

社　　址 福州市东水路 76 号 14 层

发 行 部 0591—87536797

印　　刷 北京瑞达方舟印务有限公司

厂　　址 北京市怀柔区桥梓镇平义分村南 10 米

开　　本 889 毫米×1194 毫米 1/32

字　　数 170 千字

印　　张 6.625

版　　次 2021 年 1 月第 1 版

印　　次 2021 年 1 月第 1 次印刷

书　　号 ISBN 978-7-5550-2512-2

定　　价 48.00 元

目 录

第一章　万中无一当如是：《蜀山剑侠传》

（1）

本节我们说的这部小说——《蜀山剑侠传》，堪称是武侠文学的鼻祖，它被学术界誉为“开小说界千古未有之奇观”的大作。这部小说的作者——还珠楼主李寿民，可以说是一位不世之材。他在20世纪三四十年代东西方文学交融还很有限的大环境下，能够将西方魔幻史诗类小说的风格导入中国传统文化体系中，并且在原有的近代小说结构上大胆创新，可以说是非常前卫的。

《蜀山剑侠传》不但从文学角度上担得起这个头衔，在生命力的角度上也是一样，它跨越了传统出版和数字出版两个时代，直到现在，我们在电影、游戏这些领域里，依然能看到《蜀山剑侠传》的身影。可以说，它在武侠文学当中的地位，不逊于《魔戒》三部曲在西方奇幻小说中的地位。《蜀山剑侠传》里惊人的想象力和划时代的框架设定，影响非常之深远，后来的金庸、古龙、梁羽生的小说，一直到如今网文中的武侠、修仙类作品，都或多或少受到了《蜀山剑侠传》的影响。

（2）

因为成书很早，对于《蜀山剑侠传》的研究已经非常透彻了。很多武侠文学的大家也都对这部小说有过评价，其中倪匡的评价尤为深刻，他称《蜀山剑侠传》是“天下第一奇书”。在以想象力丰富而为人所称赞的倪匡看来，《蜀山剑侠传》即使故事结构不如金庸，感情饱满不如古龙，但其想象力堪称古今第一，是后世很多作品灵感的来源。

倪匡认为："这并不是说每一个作者都在抄袭还珠楼主的作品，而只说明了一种情形：在一代宗师的光芒笼罩之下，很难能摆脱他的影响，只有自身也具有同样功力的人，才能例外。《蜀山剑侠传》一书之所以不可及，是因为作者在这部书中，建立了一个'思想体系'，有一定的规律和步骤，指出一个'人'到'仙''超人'的途径，成为一种修仙的法规。《蜀山剑侠传》全书，讲的是'修道人'如何努力去修成正果的事。"所以，我们总说《蜀山剑侠传》是后世仙侠类小说的开山鼻祖。

著名的武侠小说评论家叶洪生，对《蜀山剑侠传》的评价更不一般。他把小说的高度从武侠拔高到儒、释、道三家思想的大融合，甚至是表现生命哲学的艺术论。我在看《蜀山剑侠传》时，也常会从庞大的故事体系里，品味到做人的许多道理。在书中，纵然成仙也不能超脱于道德，书中人物孜孜以求的修仙，实际上是对宇宙万物的求真之旅，讲究的是从一个境界到另一个境界的提升，以及对宇宙和自我逐步深入的认知，这也让玄幻的修仙带有了现实的气息。

（3）

对于这部小说，我想用一句话来评价它非常合适：万中无一当如是，美中不足在叙事。

万中无一，体现在哪里？首先是它的设定。

无论是超然物外的世界观，还是每个门派和修炼体系的设定，都让读者耳目一新。对于很多第一次接触修仙小说的读者而言，《蜀山剑侠传》的设定所带来的冲击是十分巨大的。举个例子，小说中最让我为之叹服的一个设定是关于人修炼成仙的：人想要长生不老，与天地同寿，就要通过修行，结丹成婴，成就散仙之位，这是第一步；然后散仙每逢四百九十年必遇天劫，历经三次天劫，功德圆满之后，才能成为天仙，在仙界承担某种职责；如果修仙有缺，那就会成为地仙，不受上天的管束，但每逢一千三百年就要遇到未劫，作为逃脱职责的惩罚。这个框架一搭起来，就让修仙这件之前在我们看来虚无缥缈的事情变得清晰了。

其次，是还珠楼主的文笔精致，才情高远。

在以前，中国的小说类文学作品，大都保留着文言文过渡来的结构和描述方式，注重的是立意和故事情节，在描述景物和其他细节的文笔上多有欠缺。但到了还珠楼主这里，我们能够在《蜀山剑侠传》中看到很多关于场景、天象、自然风光的华丽描述。仅靠文字就能编织出波澜壮阔、光怪陆离的神奇世界，这种文字功底，也是《蜀山剑侠传》相较于其他同类作品的核心优势之一。

另外，《蜀山剑侠传》的整个故事包罗万象、丰富多元。

《蜀山剑侠传》不仅是一部仙侠小说，更是一座五花八门的“大观园”。在一个大的世界观下，它包含了各种我们能想到和想不到的剧情故事，有惊奇，有恐怖，有香艳，有热血，有能够刺激我们感官的情绪，也有让我们各自欣赏，或爱或憎的角色。比如说主角李英琼，很多人喜欢她对正义的坚守，和随着修行逐步成长、越来越完善的性格，但也有很多人不喜欢她杀性太重的中前期表现。

话说到这儿，有的朋友可能就要问了，既然《蜀山剑侠传》这部小说这么厉害，为什么它在中国的知名度没有像《魔戒》在西方那样深入人心呢？答案就在我的后半句评价里，这部小说，虽然是万中无一，但是它“美中不足在叙事”。

美中不足，主要体现在三个方面：

第一，故事本身的叙事逻辑不够清晰。

看过《蜀山剑侠传》的朋友会有这样的感觉，它像香港很多年前的邵氏武侠电影一样，虽然经典，但是故事总是从一开始就预定了结局，尤其是小说前期因为要交代庞大的人物关系和世界观背景，再加上有些先入为主的价值观，让很多朋友感觉读不进去，但也可能是因为那个时候的小说往往还是从故事本身的完整性和作者角度出发，而比较少从读者的体验以及讲故事的角度做优化。

第二，剧情节奏存在瑕疵。

《蜀山剑侠传》的情节铺陈和推进自有一番风味，而且很能拿住人心，可关键时刻总是掉链子。譬如准备开始大战却突然进入倒叙或回忆中，这样的做法看似让人物更丰富，让矛盾更突出和饱满，但问题是让读者很容易出戏啊。这方面金庸先生的小说就明显处理得更好，例如《天龙八部》中，乔峰三兄弟少林寺对战群雄的桥段，节奏明快，描述精彩，让读者看得酣畅淋漓。但《蜀山剑侠传》这样的设定也可能是因为作者希望把宿命感做强，把情绪渲染得深一点，可是却缺少了酣畅淋漓的爽感。

第三，人物的复杂性不够。

《蜀山剑侠传》里的角色造型各异，法术不同，经历独特，但真的回想起来你会发现很多角色的重叠性太强，尤其是价值观上的非黑即白，所有正面人物都有几乎一致的群像——疾恶如仇，欺软怕硬，名门正派，所有的反面人物都是性格卑劣，道德缺失，彻头彻尾的坏。每个角色都该有自己对对错的理解和对生活的坚持，因为每个角色的背后就是现实社会的某一种群像，每个读者都希望在小说里看到自己，或是看到自己向往的样子，或许好，或许坏。

（4）

说完了《蜀山剑侠传》的亮点和不足，我想从文学、创意和 IP 孵化三个角度对这部小说进行评分。这个环节在我们今后的章节中将一直存在，目的是让大家对每一部作品的水平有一个直观的感受。

文学指数：8分

毋庸置疑，《蜀山剑侠传》的文学性是很高的，这里我本来想给

9分的，但是考虑到它的年代太过久远，很多故事结构性的问题在今天看来有些不够流畅，讲述故事的逻辑也存在需要优化的部分，所以还是扣掉了1分。但是我们不能否认的是，作品中关于思想的辩证论以及关于哲学的探讨，还有对儒释道理论的理解，至今都是仙侠类小说中的佼佼者。

除此之外，《蜀山剑侠传》多多少少还保留了一些公案小说——就是像《三侠五义》这样以案例为题材的小说——的风格，所以在人物性格的塑造和感情的渲染方面少了很多滋味。

脑洞指数：9分

众所周知，每一次的创作都是一次有迹可循的从无到有。其实还珠楼主能创作出这样一部奇小说，无疑是建立在他对大量前人小说和其他文学作品的阅读、哲学领域的多年积累以及旁征博引的基础之上的。但我们不可否认的是，《蜀山剑侠传》最终呈现给我们的精彩世界和那些光怪陆离的设定、五花八门的法门，都是还珠楼主原创出来的。

脑洞方面唯一让我觉得有缺陷的地方，可以说是我个人的内心遗憾吧。这终究是一部没有完成的小说，所以没有看到最后的大结局，就在这里扣掉了1分。

IP 化指数：8分

《蜀山剑侠传》的 IP 化从结果来看是成功的，但是因为当时的 IP 环境还不成熟，所以专业化不足，这里扣掉2分，接下来我会具体说明。

（5）

总而言之，如果单纯从文学价值的角度看，《蜀山剑侠传》虽然是一个领域的开先河者，但还不足以被推崇到执牛耳的地位。但是，我们从 IP 的全域开发来看的话，它的成功，至少到目前为止是同类作品不可复制的。

我们知道现在IP的开发路径和开发逻辑已经有一些清晰和常用的模式，但是在《蜀山剑侠传》那个年代还没有成型和成熟的模式出来，所以它的很多开发节奏是随缘的，但基于IP本身的优质，以及不同领域的开发者的用心，最终《蜀山剑侠传》IP的开发可以说是可圈可点。在这8分里，艺术价值应该是大头，能够得到6分，商业价值我认为只能得2分。

说到《蜀山剑侠传》的IP开发，不得不提的就是徐克导演的两部《蜀山剑侠传》电影，虽然跨越两个时代，但无疑都诠释了徐克心里的蜀山世界。

其实这两次从小说到电影的改编，很多情节已经脱离原著，很多人物也似是而非，这里面加入了很多徐克个人的解读和二次企划，但观众看完感到原汁原味，对得起原著，究其原因，是徐克抓住了故事的神韵。无论是老版林青霞、郑少秋的演绎，还是新版张柏芝的凄美、林熙蕾的邪魅、郑伊健的潇洒和古天乐的俊朗，每个角色身上都闪着光。可以说，电影《蜀山》帮助小说在人设价值上做了大幅的提升。

虽然最后新版《蜀山》的票房并不理想，但是这不能否定这部电影的价值以及它的精彩。它的划时代意义和原著一样，影响着后来的同类型电影。迄今为止，还有很多观众认为，香港电影里关于修仙题材的演绎，在蜀山时就已达到了巅峰。

这里我们做一下复盘，如果在最开始，制作方能够有一个完整的开发计划，那么《蜀山剑侠传》这个IP的影视化开发或许会取得更好的成绩。尤其是在商业市场的表现上，应当合理地制定几部系列电影的开发节奏，搭配电视剧和网剧的开发配套，让整个IP在较长的一个时段内保持新鲜度，并且在每部独立电影中设下故事的隐藏逻辑线，合理制定每部内容的开发预算，最好是能和不同领域的开发方组成版权委员会机制来共同配合开发工作。这些我认为都是值得现在的IP影视化开发工作引以为鉴的。

除了影视之外，《蜀山剑侠传》也曾改编成游戏。《蜀山online》在十年前也曾一度风靡，刚上线时备受关注。因为IP强，游戏的模式在2008年时也算很前卫了，高自由度的玩法和战斗的热血瞬间就吸引了大批男性玩家，又因画面精美而受到女玩家的喜爱。

但是因为开发商御风行投入有限，所以后续的优化更新迭代就明显跟不上同期的其他游戏，尤其画面的质感越来越差，游戏也没有很明显的进步。虽然后来御风行接受了盛大游戏的投资，但后续的开发缺少了最初时的想象力，最终也随着同类型游戏的泛滥而被更新的游戏挤出了市场。

（6）

最后，让我们把话题拉回到作品本身。《蜀山剑侠传》虽然出现在网文诞生之前，但受它启发的网文作者可以说是数不胜数，光是那些以《蜀山剑侠传》为世界观，换个立场或是穿越的故事就已是不计其数。其中有一部作品另辟蹊径，让我印象深刻，也作为本节给大家推荐的值得一看的网络小说，就是流浪的蛤蟆所写的《网游之蜀山》。这部小说文笔诙谐幽默，和《蜀山剑侠传》一样天马行空，而且是网络小说中少有的不过度沉浸在游戏世界的作品。《网游之蜀山》是一部完本小说，大家可以免受等待更新的煎熬，作者文笔扎实，所以还是值得一阅的。

第二章　修真文学之先河：《飘邈之旅》

（1）

本节我们要说的这部小说——《飘邈之旅》，是网络文学修真题材的开山之作。只要提到修真类小说，《飘邈之旅》就一定是绕不过去的一个话题。

在网络文学的初创期，能够执牛耳的作品，大多承载和完成了开创流派的责任，《飘邈之旅》就是其一。从它之后，大部分修真小说里境界的划分、渡劫的说法、法宝的种类等等很多设定，都是沿袭了《飘邈之旅》的思路。更不用说它对一大批修真领域知名作者的启蒙了。

对于这部作品，单纯以个人的好恶去评价，我认为是不合适的。虽然有很多年轻的读者认为《飘邈之旅》的文笔差、故事乏味，但这与它是一部经典的事实并不冲突。

（2）

比如说，晋江文学的一位资深读者是这样评价《飘邈之旅》的。他认为，这部小说最大的成功就是设定。书中修真框架的设定被后来的许多修真作品所沿用，修改调整也不多，在修真类小说逻辑走向严谨的过程中，这部小说也起到了奠基的作用。

网络文学书评人“疏醉”给《飘邈之旅》的评语是：为“中式玄幻”小说的兴盛奠定基础。他的原话是这样讲的：“我们在阅读的过程中又会被小说中修真者的神通广大、修炼方法的奇思妙想、法宝的层出不穷、灵丹妙药的神奇罕见所吸引。迫不及待地想随着主人公去一同体验那瑰丽非常的‘飘邈之旅’。”

这部小说的作者萧潜在简介中也说，他就是想带着大家一起消遣，书里没有太深奥的东西，只是茶余饭后的消遣品。从这个角度来看，萧潜创作的初衷是达到了的，《飘邈之旅》的确给了读者一段轻松快乐的阅读时光。也正因为小说内容的简单、通俗，它才别具一格地开创出了修真文学的体系。

（3）

至于这部小说给我的感觉，就是简练幽默、剧情紧实、人物鲜明、结构清晰，“开修真文学之先河，悦读者于字里行间”。

首先，萧潜是一位优秀的作者。他的叙事手法，有意而不刻意，严谨而不乏味。

读网文多的朋友都知道，很多作品为了能交代清楚“法宝、装备、修炼体系、世界观”这些复杂的设定，往往会去用大量晦涩难懂的词汇和概念来叙述，虽然这能让读者直截了当地了解设定，但对笔墨的浪费很大，也会让读者感到啰唆。而《飘邈之旅》里有那么多、那么复杂的设定，作者在娓娓道来时，非但没让读者感到乏味，反而能给人一种似曾相识又耳目一新的惊喜。

以现在的眼光来看，很多人会觉得这部小说不够有“性格”，但是我们都知道，文学作品是对时代的回应，因为当时的社会价值观就是那个样子，所以当时的人不会像现在的读者这样，喜欢复杂的描写。虽然《飘邈之旅》的行文比较直白，但是萧潜的“稳定”和故事的“严谨”，能让人在读后有不留遗憾的感觉，这点是很多年轻作家做不到的。他的故事让人看得舒服，而且很享受阅读的过程。

其次，这是一部很“正”的小说。

主角李强一开始是地球上的凡人，因为遭到兄弟和女朋友的欺骗人财两空，愤怒之下杀了昔日的兄弟，走投无路时，之前结交的神秘大哥用法宝紫炎山为其完成筑基，之后因为和大哥走散，才开始了他独自在修真世界闯荡的故事。

故事在开头，就赋予了主人公豪爽、大气的性格，和金庸小说中的“乔帮主”颇有几分相似。其实，小说中的修真世界也不是个善良的世界，里面的修真老怪甚至大多老奸巨猾、自私自利，但是在遇到李强后，纷纷被其一片真诚、豪爽仗义的性格所感动。这可不是“主角光环”，而是李强的行为证明了他的性格，无论是对师父、对朋友，还是对素昧平生之人，李强都能够用真心去对待。作者借主人公的经历，倡导了一种与人为善、去伪存真的“正能量”。

或许，主人公的内心世界再复杂一些，里面的配角再“腹黑”一些，《飘邈之旅》的故事会更加精彩，但它也就不是我们所熟悉的《飘邈之旅》了。不是所有的网文都要让我们耗尽脑细胞、揉碎了心思去品尝的。像《飘邈之旅》这样的小说，从一开始就是要让我们看得轻松，看得有趣，简单直接而又热血澎湃。就算故事有些许小小的不合理，但对于生活节奏不断加快的当代人而言，在茶余饭后读一读这样的热血爽文，放空自己的头脑，尽情享受修真文学的奇妙不好吗？要我说，一部能让人酣畅淋漓而又充满享受的网络小说，就应当被认可。更何况这部小说给我们传达的，又是如此饱满的正能量。

然而，这部小说归根结底还是受限于时代的，在现在来看，其中的不足之处也非常明显。

我觉得萧潜在创作《飘邈之旅》时，应该是有很大压力的。从整个市场来讲，当时的他根本不清楚市场对这类题材的喜好程度，在篇幅上也不好控制。因为它完成于网络文学的初创期，萧潜当时基本没有可借鉴、参考的同类作品，在创作上，只能去跟传统的玄幻小说、古典神话小说和武侠小说做比较，所以故事的叙事逻辑有时是比较幼稚的，一些人物内心的转变也没有很好的交代和铺垫，剧情的转折也不够细腻……总而言之，《飘邈之旅》的文学性是有所欠缺的。

此外，他对配角的思考也有不足，当然我认为这是萧潜一直存在的问题。比如《飘邈之旅》的官方版续集《歧天路》里，主角身边的两个小跟班不但不招人喜欢，在整个剧情里存在的意义也很小。这样从设定到刻画都有问题的配角，是萧潜作品中一个非常致命的减分项。

（4）

文学指数：7分

如果单纯地从文学角度去评判《飘邈之旅》，我不认为它是部能得到高分的作品。虽然故事诙谐幽默、完整流畅，但在这种庞大的世界观体系下，作者对人物的描写我认为还是不够的，尤其是对人物内心变化的描述很粗糙。萧潜对小说中奇观异景的描写，也是不够到位的。整部小说的节奏虽然被情节的新奇和情绪的起伏带动得很好，却几乎没什么微观的、文学性的美感。

但是，回到“小说”本身的概念来说，《飘邈之旅》在那个玄幻题材垄断网络文学的时代独辟蹊径，打开了一扇名为“修真”的通道，为读者揭示了一套能与西方玄幻体系分庭抗礼的东方修真体系。单从这点来讲，我认为这部小说的文学意义至少应当得到7分的成绩。

脑洞指数：9分

这里我想很多朋友不会有异议，单是“开创修真流派”这个评价，就能看出这部小说承载了多少经典的设定——法宝、灵石、符咒、修行人、仙人、魔头、灵器、仙器、开光、灵寂、元婴、出窍、分神、合体、渡劫、大乘……十多年前第一次读到这些新奇的设定时，读者的内心除了震惊，更多的是对修真世界的渴望和好奇。萧潜用文字打开的，是一扇通往神话世界的大门，在门后面的，是那些曾经虚无缥缈，如今却活灵活现在读者眼前的玄幻故事。这段“飘邈之旅”，不仅是李强的，更是属于每位读者的。要不是因为有《蜀山剑侠传》珠玉在前，脑洞这一项，《飘邈之旅》应当是能够得到满分的。

IP 化指数：5分

《飘邈之旅》是幸运的，它完成于网络文学野蛮生长的年代，得到了开宗立派的崇高地位；但在教练看来，《飘邈之旅》又是不幸的，这种不幸最显著的体现，就是它的 IP 开发道路，走得可谓是异常坎坷。

（5）

这部小说的 IP 开发，用“生不逢时”来形容是最合适不过的。它的生不逢时，不是“冯唐易老，李广难封”，相反，是因为它出名得太早了，从网文的角度看太成功了，彼时的 IP 开发水平跟不上它的步伐。

大家都知道，《飘邈之旅》早在2004年就已完结，而那个时候对网络文学的 IP 开发，只能说还处于襁褓期。比如说影视，当时的影视开发水平，让从业者根本不敢去尝试对《飘邈之旅》这种题材做改编。有能力的剧组也看不上网络文学 IP，而有开发想法的公司，分析一下这个题材的可操作性之后，也都被天文数字的预算给吓退了——毕竟即便是现在，你想要把《飘邈之旅》这种 IP 影视化，没有一个亿左右的预算都不敢开机。其他什么上下游配套和技术啊，市场环境啊，下游发行平台的采购能力啊之类的因素，我想不用我说，大家心里也都很清楚，和现在的差距有多么大。

2016年的时候，曾经传出《飘邈之旅》要进行改编筹拍的消息，本来说是2018年能上映，但由于政策和筹拍等方面的不确定性，我们到底什么时候才能看到，甚至是否还能看到《飘邈之旅》的电视剧还是个问号。目前来看，影视化方面，《飘邈之旅》还停留在概念的阶段，没有实体作品。

在动漫画改编方面，2004年的情况和影视行业一样，对于网文这种题材不会有人做漫画改造，一些热心的网友画的漫画，也是以人物的肖像漫画为主。后来《飘邈之旅 online》的运营方为了宣传游戏，找网络漫画达人 BT 萱画过几话，但那更多是为了宣传游戏而画的推广漫画。

说到《飘邈之旅 online》，这可能是《飘邈之旅》IP 开发里唯一一款相对成熟的项目了。这款游戏2010年完成测试，由悠游网运营，打着“中华第一修真网游”的旗号，以画面、系统、技能和战斗机制作为其核心卖点。可惜的是，《飘邈之旅 online》和很多国产端游一样，刚开服的时候玩家不少，很受向往修真世界的原著粉丝追捧，但是随着游戏剧情乏味、平衡性出现问题等情况的出现，运营上的后继无力和平台市场化的不理想，让玩家慢慢对它失去了兴趣，最终导致惨淡收场。所以说，游戏 IP 的开发，选择合适的合作伙伴很关键，一个 IP 能卖个好价钱不算本事，能为它找到最合适的委托方，将游戏开发好，并且长久地运营下去，这才是真正的成功。

总而言之，《飘邈之旅》在 IP 开发上不能算成功，究其原因，无外乎“天时”——所处的时代背景不好，“地利”——开发的环境不匹配，“人和”——粉丝的热度随着时间推移已经所剩不多。

那么对于后来者而言，该如何避免这样的改编无力的情况呢？如果你的手上也有 IP 资源，或者说你就是一位网文作者，教练这里有这么几个建议供你参考：一方面，最好在作品创作阶段就带入 IP 开发的思路和计划，同时去分析市场和粉丝群像，找到适合平移的市场去衍生；另一方面，在选择合作伙伴时要慎重，比如说《飘邈之旅》的游戏，如果换一个能够把握这个 IP 精髓的团队来做，或许不会这样惨淡收场。

（6）

《飘邈之旅》的非官方续集有很多，也直接或间接地启发了很多修真类型的作品。作者自己所写的续篇是《歧天路》，在这里我们按下不谈。本节教练想给大家推荐的，是几本在《飘邈之旅》启发下诞生的经典的传统修真类小说：

第一部，《邪风曲》，作者血红。这部小说可以说是血红的野心之作，在《升龙道》的基础上，《邪风曲》从故事的一开始就注定了这是个复杂而纠结的旅程。主人公的门派被灭门，背负血海深仇的主人公在那个正道并不友好，魔道更加邪恶的世界，究竟该如何生存、如何复仇、如何让自己在入邪中守住一颗正道之心？这部小说是血老大的代表作，对人物的刻画之细腻是一大亮点。

第二部，《仙剑神曲》，作者牛语者。这部小说的整个故事没有过多去强调修仙，反而将笔墨更多地放在了人的感情上面，无论仙凡，终归是因情而起，为情而终。剧情虽有许多出人意料的转折，却能够自圆其说，尤其是几个关键角色最后的决定，既出乎读者意料，却又让人为之感动。

第三章 正本溯源见洪荒：《佛本是道》

（1）

本节我们要说的这部小说——《佛本是道》，是教练自己很喜欢的一部小说，这部小说才气四溢、志气高远，无愧洪荒流派开山之作的称号。

说这部小说之前，我们有必要先讲一讲它的作者梦入神机。在网文江湖浸淫超过五年的读者，基本没有不认识梦入神机的，他当时的横空出世引起了网文圈的极大震动。扎实的文笔、深厚的传统文化功力、丰富的想象力以及敢为人先的担当，使其成为独一无二的网文“大神”。

梦入神机是网文作者中极少数能够不断创新、超越自我并且开创数个流派的“大神”，也是罕见的在自己开创的流派领域里，让后人很难超越的一位作家。话说回来，他也算是出道即巅峰那一类型的作家。可是你可以吐槽他的某些作品过于极端、太过自恋、主角性格扭曲、总是“吃人”成长，但你也不得不承认他的故事自有其风骨。在他的文字里有一股精气神，那是一种上敬先祖，感我国人的中华传统文化所孕育出的华夏子孙的气度。读者在读他的小说时，经常会被其中的中华文化所感动，深感作为炎黄儿女的自豪。

《佛本是道》是我早年间看过的小说中印象比较深刻的一部，当时看的是实体书，可以说是一口气读完的。前面的故事结构宏大且流畅，结局部分对故事的立意升华也很饱满，就算放到今天来读，也是能让人回味无穷的好书。有人说，在《佛本是道》中读出了《西游记》的味道，也有人说它就是《封神榜》加《西游记》的结合体。事实上，《佛本是道》的构架的确是建立在古典神魔小说体系上的，但加上了作者自己的想法之后，我们就不把它叫作神魔体系的续作了，而称它为"洪荒流"的开山之作。

（2）

和其他网文界的开山鼻祖一样，《佛本是道》也属于"出名要趁早"的那一类，它成书于网络文学的第一个黄金时代。这样一部正儿八经却又另辟蹊径的书就像是一颗重磅炸弹，震惊了整个网文圈。著名书评人幕天认为，《佛本是道》"开启了修行世界观更加有序的新时代"。

他说："《佛本是道》可以算作是修真仙侠类小说的分水岭，在整个修真仙侠小说的发展史上具有承前启后的作用。它终结了混乱的旧时代，开启了一个修行世界观更加有序的新时代。它既是新流派的开山之作，也是旧流派的集大成之作。"

对于洪荒流派迅速由盛转衰的现象，幕天把问题归结为：洪荒流构建得太过完整，留给后人扩展的空间不大，很难超越《佛本是道》，自然这一流派也就后继乏力了。但是我持相反的看法，因为洪荒流定义里的中土神话体系和独特的以神州大地为根源的神话核心，在后来的很多网络小说里都有体现，也成为很多作家构建故事的重要部分，这其实就是对《佛本是道》的一种继承。

至于很多书评人提到的，梦入神机书里存在用典不当的问题。比如说，乌巢禅师是大日如来，而同时书里又存在着大日如来的梵音称呼的毗卢遮那佛，两个人明明是一个人，却又在书里被刻画成了两个角色。我倒觉得不一定是梦入神机创作时的失误，反而是他有意在将中土神话和印度佛教神话融合时刻意做了不同渊源的对照，也自然而然地把看似应该是一个人“大日如来”写成两个角色，事实上他认为在《西游记》里出现的乌巢更应该是中土神话的人物。

总而言之，舆论在《佛本是道》的地位上还是有比较一致的共识的，它的开创之功一定不只是开创了洪荒流派，而是一种新的世界观的构筑方法——以中国古代神话为基础，从古代到现代的完整历史传承脉络的世界观。

（3）

我给《佛本是道》的评语是：“一文卷起千重浪，正本溯源见洪荒。”

首先，这部小说为整个网络文学界贡献了巨大的价值。在《佛本是道》之前，没人想过第一部真正意义上将中国神话小说体系完整串联起来的文学作品，会是网络小说。在《佛本是道》里，你能发现《封神演义》《西游记》《白蛇传》《蜀山传》等很多故事的人物和设定被糅合在了一起，盘古开天、鸿钧讲道、封神大战、西游取经等一系列神话传说装在了一个完整而连贯的世界里。从世界观的统一，到修炼体系、天道法则的承袭，虽然都是作者虚构出的逻辑，但它满足了很多喜爱中国神话的朋友们对中国神话世界的憧憬。这种在传统文学基础上二次创作的思路，对后世的网络文学作品有极大的启发。

然而，开创了洪荒流派还不是《佛本是道》对网文界的最大贡献，它真正的价值在于给了其他作者一种打破原有桎梏、创造新天地的方法，让修真领域天马行空的创作有迹可循，成为后来很多作者“破而后立”的学习样板。《佛本是道》将不同文化体系下跨地域的神话传说，通过一条藏在故事里的法则贯穿在世界观当中，这是一种先进的创作方法，极具时代意义。

其次，《佛本是道》就像篮球界的迈克尔·乔丹，它的存在，让同时期的一切对手变得黯然失色。《佛本是道》完结于2006年，与它同一时期的作品，修仙题材里有徐公子胜治的《神游》，猫腻的《朱雀记》，血红的《邪风曲》，唐家三少的《唯我独仙》和流浪的蛤蟆的《蜀山剑侠传》等一批大作，如果把范围放大到整个网络文学领域，当年的神作名单还要加上天下霸唱的《鬼吹灯》、南派三叔的《盗墓笔记》、海宴的《琅琊榜》等一批家喻户晓的作品。在那个时代，“大神”作者们可以说是“八仙过海，各显神通”，纷纷在修真题材上求新、求变、求精、求奇。然而即便如此多的佳作，也掩盖不住《佛本是道》的光彩。这部小说擎着“洪荒”的大旗出现在读者眼前，令一切同时期的竞争者相形见绌。

还有一点可贵的，是梦入神机的创作初衷。对于一个网文作者、一部网络小说而言，创作的初衷往往是最容易被忽略，也是最难坚守的。梦入神机曾说，他一直希望有读者在读了他的作品后，会想要去好好读读《西游记》《封神演义》等中国古典小说，这是他写《佛本是道》时，去串联那些我们熟知的故事、去丰富那些我们熟悉的神话人物的动机。从这点来看，梦入神机在创作中实现了他的初衷，当得起“不忘初心”这四个字。

但是《佛本是道》的不足也很明显，在宏大的宿命论和天道格局对比之下，书中本就不多的感情戏更是显得乏善可陈。教练认为，一部出色的网络小说，应当有丰富的感情色彩，那些百转千折的感情纠葛是小说中柔软的部分，可以带动读者的热血，也会引导读者的情感，是作品的升华。

（4）

文学指数：7.5分

其实梦入神机的文学造诣是网文作者当中比较高的，但因为他总是在字里行间中使用很多古典语法，《佛本是道》又是梦入神机的成名作，所以不足之处还是比较明显的。书中对于景色、道具、妆容等细节的描述过于简单，在一些非主线剧情上的铺陈也不太用心，有些对白和描写显得生涩而别扭，例如动不动就心血来潮，掐指一算等。

但是从文学的基础来看，这部小说的故事结构严谨，整个剧情低开高走，开始的都市篇虽然相对平缓，谈不上多精彩，但出于对人物和基础世界观的介绍来说也合乎情理。进入修仙部分，故事开始越来越精彩，情节也变得紧凑，各路“大神”进入剧情，和主角发生各种关系，各种以大世为棋盘，埋下的阴谋一一被揭开，主角的身世和际遇伏笔越来越多。这些积累，让故事的精彩程度在中后期达到顶峰，随后剧情在稳定中进入尾声。整体来说，这部小说的情节设计是很值得其他作者参照和学习的。

脑洞指数：9.5分

想象力在本质上来说，应该是没有边界的，但如何应用想象力，一定是有迹可循的，而每一种应用的轨迹被发掘，都是一次伟大的创新。

《佛本是道》的横空出世，无疑给了网文作者们一条有迹可循的创作思维之路——如何去开辟新的网文世界观，如何将我们已知的事物和我们凭空想象的概念串联，以及如何让那些我们熟知的人与事之间发生我们未知却向往的关系。所以从某种意义上讲，我认为《佛本是道》对于后来的作者在开辟新世界观上的启发作用，甚至要大过这部作品开创洪荒流的意义。

当然了，因为这部小说是在整个中国神话体系的基础上开创的小说作品，世界观非常大，所以必须有清晰的法则来约束它。为此，梦入神机导入了“宿命论”这个天道法则。可惜的是，“天命难违”的设定太过绝对了，如果他能在“宿命论”中留下一线变数，或许会让修真这件本就逆天而行的事情来得更有激情，也给故事留有更多回旋的余地。所以在这里我扣了0.5分，也算是作为读者，对于留白的一份期待吧。

IP 化指数：7分

从 IP 的开发角度而言，《佛本是道》也是典型的生不逢时之作。在授权和选择合作伙伴上过于随性、缺少合理评估，也是那个年代普遍存在的问题。

（5）

《飘邈之旅》的遭遇与《佛本是道》是相同的。因为当时改编市场还未兴起，IP 的全体系运作也并不成熟，所以没有很完善的评估授权价值的机制，也并不清楚 IP 的全域开发是怎样的操作路径，再加上这部小说本身题材和内容的特殊性，导致在改编上也有较大的难度。

其实以《佛本是道》故事之严谨，剧情之精彩，是具备影视改编价值的，只是因为错过了合适的时机，才留下了这么一个遗憾。现在的梦入神机已经是白金级“大神”，他的作品自然也水涨船高，价格不菲，让影视公司花大价钱去买一个2006年的热门 IP 也不太现实。但是据说《佛本是道》的影视剧改编权曾经卖出去，只是不知道过去这么久了，是否还在授权期限内，如果还在期限内，买了版权的公司也有开发计划，那我们还是有希望看到电视剧版《佛本是道》的。

《佛本是道》授权最多的是游戏领域，光网页游戏就授权给几家公司先后开发运营，导致每家游戏公司都只是拿 IP 作为快速变现的工具，并没有在运营上用太多心思。而且网页游戏本身也只是昙花一现的产物，最后的惨淡收场自然也在情理之中。再后来，《佛本是道》也有被开发成手游，可是游戏没有新意，制作也不算精良，最后依然没有多少影响。

最后给大家推荐一部后来的洪荒流小说中被忽视的好作品：亲吻指尖的《人道纪元》。这部小说从天地初开讲起，以主人公人族南落的经历和视角参与并见证了巫妖争天命、十二祖巫开轮回、造地府、帝俊与东皇太一执掌天庭等事件。小说讲述了人族于微末间崛起，南落一步步掌控自己命运的故事，既有天地的大格局，又有主人公的快意恩仇，更将《山海经》《搜神记》《封神榜》《西游记》等经典串联其中，堪称《佛本是道》之后优秀的洪荒流作品。

第四章　行至尽头仙亦凡：《凡人修仙传》

（1）

本节要说的，是一部特立独行的佳作——《凡人修仙传》。

作为“凡人流”的开派之作，《凡人修仙传》给我们讲述了一个没有背景、没有天赋的普通人是如何在修仙世界一步一步成长的励志故事，更给我们刻画了一个平凡人靠自己的努力开创不凡人生的传奇之旅！

《凡人修仙传》是同类小说中的一匹黑马，它的独到之处，并不是在世界观体系上的开创先河，而是在那个网络文学同质化、套路化最严重的时期，敢于打破固有风格，让人耳目一新。

这部小说的作者忘语，本名丁凌滔，2008年2月开始创作《凡人修仙传》，这也是他人生的第一部小说，开辟了自己出道即“封神”的网络作家之路。他的写作风格立意大胆，笔锋稳健，故事贴近现实，有很强的代入感和与现实生活的对比性。很多人评价，忘语的小说能够给予读者直面生活的力量和不畏前路的勇气。

（2）

《凡人修仙传》是一部成熟的、有思想深度的作品，点评这部小说的也大都是资深的书评人或是老书虫。其中一位百度签约的专业书评人是这么说的：“《凡人修仙传》不是一部刚写就很火的小说，相反它是在沉浸很长的一段时间后突然火起来的。《凡人修仙传》之所以优秀，是因为韩立的设定不像有的小说一开始就高调‘装逼’，他没有家世，没有背景，他低调隐忍，能够到达现在这个成就，完全是凭借自己的努力和运气。”

诚然，许多读者之所以喜欢《凡人修仙传》，是因为这部小说讲的其实是一个执着的故事。主人公韩立一直很克制、很自律，因为他心中只有一个目的：成仙。他的崛起，靠的不是资质，也不是颜值，而是沉稳的性格。加上《凡人修仙传》里就没有“龙傲天”的成分，只是给主角开了个能促进药材快速成长的掌天瓶的金手指，这种贴地气的设定也得到了很多读者的好感。

总而言之，网上对于《凡人修仙传》的评价是比较一致的，认为这是一部能让读者看得进去的小说。在五年的更新道路上，读者跟随作者的文字，一起陪伴主角成长，这中间不仅有故事的发展，也有读者自身阅历的增长。在这段时间里，《凡人修仙传》的价值观或多或少影响了很多读者朋友，在他们人生最重要的成长时期提醒他们，要做一个不忘初心的奋斗的凡人。

（3）

教练给这部小说的评语是：“行至尽头仙亦凡，莫忘初心凡胜仙。”

《凡人修仙传》是一部篇幅很长、字数较多的网络文学作品，作者忘语称得上是网文界的劳模了，更新稳定，中前期很少注水，粉丝沉淀扎实，各项成绩极佳，忘语本人也是凭借这部小说在网文江湖一战“封神”的。

这部作品之所以被视为“凡人流”的开宗之作，不是因为世界观上的独到之处，而是全新的哲学价值观和故事结合的创作思维。这部小说尤为难得的，是书里书外的不忘初心。它的成功给那些习惯于创作慢热故事的作者们很大的信心，树立了很好的榜样。

从打1996年、1997年有网络小说起，到后来出现修仙小说，再到《凡人修仙传》的横空出世，这几年间，修仙类题材在东方文化的加持下大受欢迎，诞生出了多部优秀作品，其中不乏古典传统类修仙小说、异世界修仙小说、都市修仙小说等领域的佳作。但这些作品基本上都带有很强烈的初期网文特征：节奏快、主角猛、配角傻、女主多、故事大、结尾烂。大家可以回想一下，是不是很多小说都是这样的套路：一个背负血海深仇的主角身世成谜，然后一路金手指“开挂”，遇高人托付，临危受命拯救世界。诚然，这样的设定很容易引导读者快速进入剧情，代入情绪，天马行空的剧情也更刺激，得到年轻人的喜爱是很正常的，但过度迎合读者，带来的就是网络文学作品本身文学价值的下降。

《凡人修仙传》的横空出世，让读者发现，原来修仙小说不是非要“龙傲天”才读得过瘾的！我想忘语在写这部小说前，应该也进行过大量的阅读和思考，关于他要写一个怎样的故事，塑造一个怎样的主角，他自己是很清楚的，或许韩立身上的那些特征是他自己所期待的，他甚至也想到了作品的前期不会一下子就被接受和看好。即便如此，他依然打定了主意，要创作一部对得起自己创作初衷的小说，就像韩立一直坚持自己的路，不为外物所改一样。小说中的韩立最后修仙有成，作者忘语也在网文江湖占据了自己的一席之地，可以说是“念念不忘，必有回响”了。

《凡人修仙传》之所以能够越更越火热，归根结底是因为它耐看。这部小说的耐看，首先体现在字数够多、篇幅够长；其次虽然故事没那么热血，但光怪陆离的法宝和角色，还有剧情的伏笔之深、逻辑之严谨，都让整个故事十分耐看。以《凡人修仙传》如此之长的篇幅，能够将节奏拿捏地这么好，让剧情层层递进，始终给读者以期待，是十分难得的。

（4）

文学指数：8.5分

《凡人修仙传》这部小说的文学价值，主要体现在创新层面上。

首先，故事的立意在那个时期如同一缕清流。和其他作品的套路不同，主角没有血海深仇，也没有身负天大秘密，进入门派后既没被当作邪魔血统，也不是天仙转世的灵魂附体。更夸张的是，因为主角经常被比他厉害的对手打得到处跑，读者们给了主角一个戏谑的称呼叫“韩跑跑”。

这种反套路的剧情所表达的，正是作者心中的价值观：不是每个人都是天选之人，但作为平凡人的我们，也可以有不凡的经历，通过不懈的努力，一样可以走出自己的精彩，成就一番事业。《凡人修仙传》之所以能够引起读者的广泛共鸣，不正是因为很多人就像韩跑跑一样，起初不过是芸芸众生中的平凡一员，一步步用双脚走出成功之路的吗？

故事里让我印象最深的，是韩跑跑少有的几次对比自己强的对手说不的片段。其中有一次是为了守护自己的红颜知己紫灵，以元婴后期硬接化神修士的一击。当时在他身上，我看到了“匹夫一怒”，看到了凡人的担当。忘语用笔下的文字告诉我们，网络文学或许不够严谨、不够深刻，但它对于正义与善良的弘扬，却是能够从一而终的！

而且从故事的剧情和结构来看，忘语的文字功力也非常扎实。如此之长的篇幅，他能够游刃有余地掌控全局，小说中几乎没有无用的情节，也不存在逻辑崩坏的情况。就算是同类小说惯用的升级打怪的副本式情节，他也能用生动幽默的叙事给读者以惊喜，在副本剧情中埋下伏笔，为这些剧情赋能。

至于感情戏部分，因为忘语的爱情观本身是克制大过放纵，所以小说中的韩立更像个活在现实社会的大龄青年。这种严谨而成熟的爱情观在感官上的刺激或许稍有欠缺，但教练认为，这也正是这部小说与众不同的亮点所在——我不是不爱，也不是不够爱，而是知分寸，能把澎湃的情感深藏于心底。这种爱情观，不正是《诗经》

中“发乎情，止乎礼”的体现吗？

脑洞指数：7分

《凡人修仙传》的世界观是中规中矩的，它的展开并不算大，但是很扎实。主角韩立与整个世界一直都没什么特殊的关系，世界不需要他拯救，他也没怎么被这个世界眷顾过。这部小说给我们展现的世界，是从“凡人”的角度看到的世界，因为我们从韩立的成长中读懂生存的不易，读到了大多数读者的人生，所以能够引发读者的共鸣。

但是单纯从脑洞的角度来说，这部小说确实没有太脱离我们之前对修仙世界原有的认知，在这一项上，《凡人修仙传》并不出彩。

IP 化指数：9分

《凡人修仙传》的 IP 化做得非常好，强强联手之下，这部作品的潜力被很好地挖掘了出来。

（5）

我们先说《凡人修仙传》的影视剧改编，从规划上来看都是大制作。电视剧是乐视影业制作的，原本计划2018年完成拍摄，2019年上线，演员阵容豪华。但是消息出来以后，拍摄却是一拖再拖。但我觉得可以接受：这么好的 IP，是一定要等到各方面都准备充分了才能启动的，仓促开机很可能对不起原著党的期待，也会让出品方损失惨重。

在影视化上面，《凡人修仙传》动画大电影2020年上映，由金色传媒、阅文集团和猫片出品。值得一提的是，金色传媒还是2018年最成功的 IP 改编电视剧——《将夜》的出品方之一。据说金色传媒在早年间就买下了多部优质网文的版权，几年时间里一直潜心打磨剧本。

《凡人修仙传》在游戏改编上，可以说是步步跟上了行业发展的节奏。2012年的时候，上海玄霆开发过它的网页游戏，2013年玄黄工作室开发了《凡人修仙传》的单人游戏，后来乐逗游戏又开发了手游版。和大多数网文 IP 改编的游戏一样，《凡人修仙传》的网游氪金点多、缺陷多、游戏性差，还是停留在消费 IP 自身价值的阶段，这也是国内游戏行业的通病。

（6）

本节想给大家推荐的作品，是两部修仙类题材里创新性很强的作品。第一部是“白金大神”耳根的成名之作——《仙逆》，当时也是被很多读者拿来和《凡人修仙传》做比较的。这部小说讲的也是一位平庸少年凭借一己之力，在残酷的修仙世界走出自己一片天的故事，小说中化凡一段的剧情堪称经典。

另外一部《飞升之后》，是“大神”皇甫奇的成名作，也是平凡人的修仙奋斗故事。特殊之处在于，故事从“飞升”之后的世界开始展开，着重讲述在“飞升”后更加残酷的修仙世界里，主角为自己、为民族争取生存和尊严的热血故事。

第五章　百转千回心仍在：《神墓》

（1）

本节我们要说的这部小说——《神墓》，是太古战争流派里极具代表性的一部小说。这部小说的出现，在西方玄幻和东方修仙之间又开辟出一条新的道路。

《神墓》创作于2006年，是起点“大神”辰东处女作《不死不灭》的续集。在那个以单矛盾线、简单叙事为主的时代，《神墓》把复杂的矛盾，各种悬疑的伏笔和精彩的人物刻画糅合到一起，给我们讲述了一段与天斗、与人斗、与自己斗的热血故事，并对人性、生命、世界真相等哲学难题进行猜想。

（2）

在十多年前，那个网络文学行业还不太发达的年代，《神墓》是如何成就自己的经典地位，吸引到大批疯狂的粉丝呢？知名网文书评人疏醉将原因归结为三点：新颖的开篇、独特的题材和大气华丽的想象。

虽然以我们今天的眼光来看，辰东彼时的文笔可以说是十分稚嫩，但仅仅从布局与情节发展来讲，《神墓》却可以称得上是网文中少见的宏大磅礴。而辰东在神墓中所创造的各种激昂无比的口号，更是让人印象深刻——

“修我战剑，杀上九天。洒我热血，一往无前。”

“亿万生灵为兵，百万神魔为将。待到逆乱阴阳时，以我魔血染青天！”

这就引申到了《神墓》能够成功的最重要的原因，就是辰东磅礴大气的想象力。所谓“融合东西方，纵横南北界”，神墓这个地方，埋葬了东西方所有著名的神祇，因而东西方所有的传说典故，都能够成为主角抗衡天道的铺垫。在这条路上涌现的人神妖魔、发生过的慷慨悲壮，堪称一部英雄史诗。

（3）

这部小说在教练心里也有着特殊的意义，我和很多读者一样，也曾受过它极大的鼓舞。用“沧海桑田情不改，百转千回心仍在”这么一句话来评价《神墓》，我认为是再贴切不过的。

前面我们说过，辰东在《神墓》之前有一部处女作叫《不死不灭》，那部小说评价不高，只算是一部二流作品。恰巧，我最早接触辰东，就是从这本部二流的《不死不灭》开始的。

当时我看的是实体书，应该是因为成绩不理想，再加上初期辰东创作能力还不能驾驭太大的故事，小说的篇幅不长。但说真的，这部小说给我的印象是很深刻的。小说里面独孤败天的人生，是一段不被人理解的悲剧，他的努力和抗争，最后面对的是天道的碾压，在敌人的围攻之中，他在那个故事里只能留下遗憾，或许这里面更多的，是作者辰东对自己的遗憾。

于是，他在《不死不灭》的世界观基础上写出了《神墓》。起初并没有人知道《神墓》是《不死不灭》的续集，大家完全把它当作一部新作来看，看到中后期发现，两个故事的关联越来越多，才发现原来辰东终究还是把那个他没有讲完的故事讲完了，他终究还是给了那个永不放弃的男人——独孤败天一个不留遗憾的结局。

我们说回《神墓》。

首先这部小说在那个时期，是一部兼容并包的神作。有人说《神墓》逻辑混乱，看完不知所云。这是对《神墓》不感兴趣的，但也有很多人说看完后，因为找不到同类型的小说心里直痒痒，还有人说看完后干脆戒了读网络小说的习惯。为什么？因为在当时你找不到任何一部和它有同样风格的作品，所以后来我们为《神墓》专门命名了一个流派，叫作太古神魔流。

在《神墓》的世界里，千万个种族共存于世，诸多平行宇宙交错在一起，还有各类不同体系的修行方式，所谓的正邪善恶都不是绝对的，真正要团结一切对抗的，是压在每个人身上的上天，也就是小说中的天道。这种对某种至高神操纵人类的恐惧，在著名电影《黑客帝国》中展现得淋漓尽致，而在网文中引入这样的设定，《神墓》是第一个。这是它在世界观上的独到之处。

其次我要说，小说中的人物刻画做得也很好。

“给我时间，无须复活远祖，我将超越远祖！”——辰战的形象跃然纸上。

“宝宝很生气，后果很严重，偶米头发。”——这是龙宝宝的从一而终的可爱。

“我为人王，你是神墓，王注定亡，墓依然为墓，我们曾经拥有，何必在乎天长地久呢？”人王雨馨的经历，让我直到现在对主角辰南都喜欢不起来。

细心的读者会发现，辰东在每个人物出场前，都会进行足够的渲染，出场时搭配独特的性格和极具代表性的洗脑台词，能让读者对人物有很深的认识。

虽然辰东不以文笔细腻见长，但他非常擅长用剧情烘托角色，还能保证主要角色个性鲜明、不重复人设，这已属难得。

最后是它的悬念伏笔。

故事从一开始就铺设惊天大幕，当神与魔都被时光消磨，在神墓中彻底被埋葬，一个平凡青年的苏醒拉开整个故事的大幕。虽然整个故事难免有缺陷和不足，但在斗天的大矛盾下，跟随辰东埋下的一个又一个伏笔，去揭开整个世界背后的真相，还是相当热血的。

（4）

文学指数：7分

辰东在创作《神墓》的时候还没到巅峰期，这部小说不可避免地存在一些硬伤，文笔、剧情、细节等文学性要素都不算突出，有朋友吐槽说总是出现重复的描写和应用，这也是辰东无法很好驾驭故事的一个体现。

在故事中前期还没铺开整个大幕时，读者是很容易看不进去的。因为辰东对于打斗的描述实在是枯燥，剧情和人物的关系也有些混乱，一些突然出现的剧情更是太过随意。

好在这些问题在辰东后面的《遮天》和《完美世界》当中得到了解决，这位“大神”级作家，最终还是完成了自己在创作道路上的成长。

脑洞指数：9分

辰东是个非常有思想的作者，他对于人性、人类和世界真相的思考，给了他巨大的灵感，让他有了创作这样一个故事的起因。《神墓》从人与人的战争、不同种族的战争、不同时空的战争上升到种族的自我救赎。小说里面讲如何对抗世界真相后面的巨大恐怖，如何用一代又一代的传承和布局去为后世子孙搏一个未来，因为有这样的大背景，所谓的正邪和好坏相比之下都显得狭隘了。教练认为，敢于“想别人不敢想的”，突破常规去碰触这样庞大的格局，也是脑洞大的一种体现。

辰东的脑洞之大，还体现在他将不同神话、不同体系、不同出处的人物故事串联在了一个世界里，这种天马行空的写作也为它的脑洞指数大大加分。

IP 化指数：8分

一直以来我都认为，如果要评选最有商业头脑的网文作者，辰东绝对能入选。因为他在自己作品的商业化尝试上投入了很大的精力，甚至是亲力亲为。

（5）

2009年，在《神墓》小说大获成功之际，辰东转型网游监制，打造《神墓 online》的消息让很多网文读者感到震惊。能够在十年之前就启动网文 IP 化的第一步，可以说辰东是非常有胆量的。

因为他的“特立独行”，起初很多业内的朋友都认为这只是一条游戏开发商的炒作新闻，目的是为了更好地转化和吸引原著粉丝。但后来，随着游戏的开发、上线、运营，大家发现辰东真的不是只打了个广告，他确实在这个过程中参与了很多具体工作，也承担起了监制的责任。

据很多玩过游戏的读者朋友反馈，作为游戏开发商的边城游戏是用心做了开发的，或者说，他们的确听取了辰东的建议。游戏从自身角度来说对得起读者的期待。

然而可惜的是，开发商可能是因为不够自信，把运营权交给了游意春秋，也就是游意阁，后来的运营实在是让人不甚满意，最后游戏也关服了。

后来欢瑞世纪又拿下了《神墓》的版权，计划对《神墓》进行深度开发，保守估计会有一部电视剧加一款手机游戏，也算是一种影游联动的模式了。

这里面，手游确实出了，但口碑不算理想。电视剧从2015年开始宣传，到现在也还没上线。教练猜测，影响的因素可能是欢瑞世纪这几年一口气买下太多头部 IP 导致的消化不良，也可能是在改编过程中发现了问题要做一些调整。当然了，在这里我们还是善意地期待欢瑞世纪能给我们带来一部不留遗憾的电视剧版《神墓》。

（6）

既然聊到了这么热血的小说，教练在这里就再给大家推荐一部辰东的小说《长生界》。这是一部我一直觉得被低估的小说。这部小说是辰东的野心之作，也是他写给自己的作品，最后因为成绩不算理想才改回《神墓》的风格，创作了后来大热的《遮天》。但是教练还是希望能有朋友愿意花点时间和耐心细细读他的《长生界》，我认为这部小说的故事更深沉，也更加深刻。

第六章　少年抱负可作为：《斗破苍穹》

（1）

本节我们要说的这部小说——《斗破苍穹》，是一部火爆全网的作品。这部小说创下了多项纪录，截至2018年年底，起点会员点击突破2.4亿，评分8.8分，总推荐680万。它不仅在起点中文网上成绩斐然，在移动无线端也是年度榜首，甚至盗版网站都靠《斗破苍穹》带动全站流量。在2009年至2011年，《斗破苍穹》可以说是网文界的现象级事件，当时《斗破苍穹》贴吧的热度甚至排到了所有贴吧的前五名，其实体出版书的销量也远远超过其他同期作品。

如果我们将现有的网络小说分成偶像型和实力型两类，那么《斗破苍穹》一定是偶像型中的佼佼者。小说的故事设定年轻热血，节奏干脆利落，具有标准的爽文特征，是网络爽文的代表作品之一。主人公的身世设定、主要角色的刻画和描写都能很迅速地将读者带入小说中的神奇世界。诚然，你会在《斗破苍穹》里找到很多瑕疵，但不能否认，这是一部点燃青春的小说，不深沉也不压抑，没有太多的复杂和纠结。我想这也是很多人选择看网络小说的初衷：够轻松，够爽快。

（2）

《斗破苍穹》已经完本多年，但它的热度却从未降温，负面评价更是持续不断。直到《斗破苍穹》的电视剧出现，大家才回过头来说，和电视剧比起来，我们觉得原著明显好了很多，这也算是戏剧性的反转了。

在网上众多的议论声中，教练我下了一番功夫，为大家找到了几条相对理性客观的点评，供各位读者参考。

第一条点评从人物、情感、情节三个方面表达了观点。首先是人物方面，这条书评认为《斗破苍穹》的人物单薄，塑造得有些肤浅，但是刻意对主角进行某些方面的强化和不断重复，永远是“背着黑尺，清瘦”的描写，虽然枯燥却很容易加深读者的认知，所以单纯从效果讲是成功的。情感方面，作者很擅长带动读者的情绪，一句“莫欺少年穷”直接点燃读者的共鸣，男女感情方面的刻画也是多种多样，深刻入骨。最后的情节方面，无疑是最被人诟病的，总是有那么多配角要来踩主角，却纷纷在最后一刻被主角爆发实力，逆转乾坤。最后这条书评在结尾中给出了“不足为训”的结论，总的来说还是比较偏负面的。

另外一位书评人的观点也差不多，是这么说的：“个人觉得，前期还不错，但是后期明显有坑人的感觉，太‘水’，漏洞多多，而且剧情重复；主线也过于单一，总是围绕主角各种被抓被挑衅然后逆袭的套路。作者文学功底也欠火候，修辞单调，感觉角色的外形塑造上除了主角以外其他角色太过潦草，基本都是一个样。”

（3）

看完网上的评价，很多读者心里可能已经凉了大半截：如此说来，《斗破苍穹》这部小说真的是一无是处了吗？

别急，且听教练对它的评价如何。

《斗破苍穹》这部小说我是追更看完的，完结时我的心情也是五味杂陈，有不满，也有解脱，思来想去，给了《斗破苍穹》这样一句评价——“少年抱负可作为，前路尚远需努力”。

首先，我觉得这部小说的成败都源于“少年抱负”这四个字。

大家知道这是作者天蚕土豆的第二部小说，第一部小说《魔兽剑圣异界纵横》的成绩并不理想，而且写作功底明显不成风格。那么作为一位年轻的网文作家，天蚕土豆在创作《斗破苍穹》时并没有形成很明显的个人风格，所以能看出来这部小说虽然从流行价值来讲很成功，但从作品本身的意义上来说只是一部很火的小说而已。

那么为什么我们要提到“少年抱负”这个词呢？因为在第一部小说成绩不理想的情况下，天蚕土豆能做出创作第二部小说的决定，其实是顶着很大压力的。尤其当时天蚕土豆才20岁，正是自尊心很强，脾气倔强的年纪，所以他面对现实中、网络上的质疑，也像《斗破苍穹》的主角萧炎一样，怀揣少年抱负，想要证明自己。

正是这份心性给了他创作的动力，让他把身心都投在了《斗破苍穹》里。当时追更过的读者应该有印象，那会天蚕土豆很在乎书评区和贴吧的评论，有时甚至会情绪失控，和一些态度恶劣的读者互怼，中间更因为情绪问题而停更了一阵子，快完结的时候也是总把更新力度和月票多少挂钩，导致后期的口碑快速下降……其实这些问题并不能作为评价天蚕土豆是不是一个好作者的标准，只能说那个时候的他还不够成熟，在心智、文笔、功力等方面都依然只是个少年，所以从创作角度，我给当时创作《斗破苍穹》的天蚕土豆的评价是“少年抱负”。

我们再来说说小说中内容的“少年抱负”。

《斗破苍穹》的成功，其实并不单纯是一部小说的成功。一类作品的火爆，是能够反映一个时代年轻人状况的。还记得小说开篇的那句“莫欺少年穷”吗？那句话，是当时多少年轻人内心的呐喊！主人公从天才变成废材，被纳兰嫣然退婚，跌入人生低谷，那一刻萧炎说出的那句“莫欺少年穷”，不只是对所有践踏他尊严的人表达的愤怒，更是向压在头顶的命运发出的灵魂咆哮。纵使你们都不看好我的未来，我也要用双手开辟出自己的一片天地！

《斗破苍穹》的开篇和剧情的铺陈，让当时的读者们瞬间热血沸腾，憋着一口气一直追更到三年之约结束。看到萧炎获胜的瞬间，书里书外的人都松了口气，得到了解脱的同时，却也有些兴味索然。小说中的人实现了自我不假，可小说外的我们又身处何种境地呢?

2009年到2011年这段时间，大概是“80后”步入社会，“90后”进入大学的时候，那几年的通货膨胀、房价上涨，让整个社会变得压力山大，这些刚步入社会的年轻一代，经历了命运给予的巨大挑战。世态炎凉，人情冷暖，告别学校后他们懂了现实，放下了梦想，但是心里最初的那份憧憬，即使埋得再深也不曾彻底消失。所以在看到《斗破苍穹》主角经历的那一刻，内心那尚存的热血被点燃了，我们跟着主人公一起对残酷的命运竖起了中指，然后迈开步子向前冲，哪怕头破血流，哪怕结果未知，但只要血仍未冷，我们就要喊出那句“莫欺少年穷”！于是，这份“少年抱负”点燃了整个网文界，一举将《斗破苍穹》推上巅峰。

然而这部小说终究还是来得太早又太快，对作者、对读者都一样。天蚕土豆在自己笔力尚未成熟的时候创作了这部小说，所以他写得吃力，驾驭得也很辛苦。这部小说的漏洞和不足也实在太多，无论是剧情的粗糙重复，还是文笔的“恐怖如斯”，如今想来都让我们不禁莞尔。

好了，再说下去怕是要长篇大论地讨论《斗破苍穹》小说中的那些不足，我们干脆用评分环节来给它做个总结吧。

（4）

文学指数：6分

喜欢这部小说的读者，对不起大家了，我真的没法给这部小说更高的分数。但是教练要说的是，我并不讨厌这部小说，甚至也曾为之感动过，但是从文学的角度来看，这部小说确实存在太多问题。

首先，全篇的结构，小说里反复强调这是个很大的世界，结合后面的《武动乾坤》和《大主宰》，我们也知道三个故事是一个世界观体系下的。但是可惜的是，在《斗破苍穹》的故事里，即使世界再大，我们也只能看到主角身边发生的事情，而主角的经历，像是在一个不断变换NPC（非玩家控制角色）的循环副本里，而且还是开了无敌“外挂”的，周而复始的刷怪、捡宝、认识新队友、爱上新女友。尤其是写到三年之约这部分后，明显感到后继无力，笔力已经不足以支撑整个故事。

从对人物的刻画上来说，《斗破苍穹》里的人物过于单一，除了主角和时刻围绕在主角身边的人以外，你会发现，往往看着看着，就忘记了那些配角的存在。这样的描写，很容易让读者对主角产生审美疲劳，而对于一些可以成为经典角色的配角又不甚熟悉。其实，有时候出色配角的人气，未必会比主角的人气低。

最后，整部小说遣词造句的水平有限，动不动就是“恐怖如斯”啊，“一口浊气”啊，措辞上的苍白无力也从一个角度说明当时作者创作压力巨大，已经到了没精力去打磨细节的地步。

脑洞指数：8分

其实这部小说严格来说，并没有开创什么了不起的世界观或是创作思路，这里我给的8分，主要是从作品引发的社会效应上来评估的。我们知道，无论怎样写，小说终究是要给更多读者去看的，如果你写小说只想给自己看，那你写的应该叫日记。所以，小说里所有的故事、情感、文字，最后一定是要传达给读者的，不管你自认为写得好还是坏，只有一点最为关键，就是你的故事是否能走进读者的心里，引起共鸣，也就是我们俗称的“走心了，老铁！”

从这点来讲，作者基于自己的境遇写出的故事，和当时社会的状况能够遥相呼应，引发了大量读者的共鸣，进而实现“路转粉”，从这点来说，我认为就值得8分的评价。

创作不是闭门造车，好的作品也不是单纯地从文学性来评估就可以的。一部优秀的文学作品，要和当时的社会背景相符合，能与这个时代的人交流，传达某些时代特征给后来者去看。从这点来说，《斗破苍穹》也是具备时代意义的，至少从某种角度来说，它给予了当时的年轻读者奋斗的激情！

IP 化指数：9分

说到这里，教练不禁想感叹一句，果然是时势造英雄啊！《斗破苍穹》火爆的年代已经是 IP 化和资本化大举进入文娱市场的时代，随后的几年也是整个文娱市场指数级增长的时期。受益于此，《斗破苍穹》的 IP 化道路可以说是一片坦途，虽然口碑好坏不一，但从商业性来讲，可以说是大获成功！

（5）

《斗破苍穹》小说完结后不久，圈内知名的《知音漫客》签约漫画作者任翔就开始连载创作《斗破苍穹》的漫画，漫画一经推出，就受到很多原著党和漫画迷的追捧。大家看完后纷纷表示剧情原汁原味、人物唯美、打斗精彩、情节高度还原，是近几年大热的漫画作品之一。

2015年11月，腾讯视频官方启动《斗破苍穹》连载动画项目。2017年1月，动画第一季在腾讯视频和 bilibili 同步跟播，共十二集，开播首日点击破亿，整季动画推出后不久全网播放量就已经突破10亿，可以说在2017年是绝对了不起的成绩。第一季的导演丁磊，也是我很要好的朋友，记得我当时问过丁导制作过程中的感受，丁导说最大的感受就是时间赶，压力大，腾讯从发行角度出发，对出片的速度要求极高，但是创作方面要配合起来，就必须有很先进的机制保证。所以可以说，《斗破苍穹》动画的成功是强势的出品方阅文集团、腾讯视频，优秀的团队上海福煦，出色的导演丁磊，先进的制作机制，以及后期的播出平台 B 站、腾讯视频等共同打造的，缺一不可。从这里来看，IP 的改编确实是一个系统工程，而且需要有合适且强大的合作伙伴。

其实一直以来我都认为，网文IP在改编上最合适的就是漫画与动画，因为两者都是建立在虚拟影像空间上的发挥，都是想象力承载的造物。所以，小说中的主角可能很难从真人里挑出完美匹配的，但动画里却能诠释出来。

2018年，万达影视、新丽传媒共同打造的《斗破苍穹》电视剧上线了，承载了无尽期待和万众目光的超级大剧，最终给我们留下的却是莫大的空虚与失望：对剧情不负责任的随意更改，对角色不加深究的随性捏造，让原著党和非原著粉丝都无法爱上这部剧。实话说，在开播前教练就告诉自己别抱太大期望，但看了之后我还是感到一阵唏嘘，莫非玄幻类题材网文改编电视剧，真的是一条不归路？我同意电视剧改编过程中要对原故事进行加工，甚至是重做，毕竟在技术上不可能存在完美还原的可能。但是，改动剧情不意味着颠覆初衷，如果连故事的神韵和内核都破坏掉，那么干脆自己起个名字拍全新的电视剧不好吗？为什么非要打着原著IP的旗号来狠戳原著党脆弱的心？

在游戏领域，《斗破苍穹》开发过网页游戏、手游和端游，其中页游是由万游在线开发的，手游是益游开发的，都是为了敛财而来，典型的套路游戏。端游是由搜狐畅游开发的，其实我当初挺看好的，但后来游戏出来后，发现和《天龙八部》的游戏实在太像，不能说不好吧，只是少了份惊喜。因为都没什么太出彩的，所以这里也不多说了。

（6）

说完了对《斗破苍穹》的看法，也到了这一节的小说推荐环节了。既然本节讲了一部爽文，那么干脆我再给大家推荐一部爽文——来自起点“大神”作者猫腻的《庆余年》。这本架空穿越的小说讲述了主角范闲穿越到异世界，在庆国风雨中生存成长的故事。故事人物刻画精彩、逻辑缜密，各种伏笔堪称过瘾，同时也是少年成长的故事，或许你能读到不一样的味道。另外，《庆余年》的电视剧也已上线，刚好我们可以和原著对比一下，看看这一次的IP影视化做得如何。

第七章　人心所至可胜天：《将夜》

（1）

本节教练要说的这部小说——《将夜》，可以说从作者到小说都是网文江湖的一朵奇葩。小说的作者是起点“大神”猫腻，刚出道时，他的小说比他的人出名，他人生的第二部小说《朱雀记》，就成为那个时代最有创新精神的代表作。不夸张地说，猫腻的每部小说都承载了他对文学的坚持和对世界的认知。从2007年的《庆余年》，2009年的《庆余年》，再到2011年的《将夜》，2014年的《择天记》，故事从穿越、科幻，再到东方玄幻，在不同的世界观体系下，猫腻讲述了人类从古至今乃至未来的进化故事。不是单纯的技术上的革新，而是对世界的开拓和探索。

而我们本节要说的这部《将夜》，承载的是作者猫腻对种族，对人生，对宿命的一次拷问，正邪的界定是以什么为标准？人生的选择该遵循什么原则？宿命是否是不可抗争的？这些深刻的问题，作者通过小说中每个角色各自的选择和命运给出了他的答案，至于我们每个人心里的答案，或许会在我们一步步体悟人生的旅程中，慢慢变得清晰而坚定。

《将夜》这部小说连载时，有半年多时间停更，当时是因为猫腻高血压，而且家人生病，实在没有精力保持创作状态，所以他休息了半年多。但是大家也能看出，整本小说从这里开始了剧情和风格上的明显转变，我想这或许是猫腻心境的转换导致的。时至今日，我们再来品读《将夜》，依然得承认它是一部足够优秀的作品，难怪无论是小说还是后续的改编内容都很受欢迎。

（2）

这部小说当年一经上架，就引发了巨大的反响，无论是喜欢的还是不喜欢的，都不得不承认，《将夜》是一部极具个人风格的成熟作品。

网上有人这样评价说：《将夜》在很多方面继承和发展了猫腻原有的写作风格和写作特点。这部小说讲了一个人定胜天的故事，要掌控自己的命运，就要有人定胜天的勇气和信心，这也是《将夜》传递的理念。

还有一位网名“丘某”的书评人评价说，整部小说读完后“有愉快，有不愉快”。愉快的是二层楼的生活，温馨舒适；猫腻的布局关于冥王，关于永夜，随着故事一直印证预言的准确，再突然反转到女主才是冥王化身，最后再华丽反转，原来女主不仅不是冥王，更是光明的本身；隆庆这个人刻画得很好，几次的剧情高潮都依靠他才能完成，最后结局也算合理。

然而不愉快的地方也很多，入魔的设定貌似和魔没什么关系；刻意对是否穿越这件事情混淆视听，主角对书院也一直若即若离；家国保卫战的剧情太过拖沓。

但总的来说，这是一部成熟的作品，猫腻写了自己想写的那个故事。

（3）

这部小说教练是一章一章追更看完的，对于故事，对于人物，对于猫腻，我都有很多话想说。思来想去，如果总结成一句话来评价，那么应该是“因果到头终有报，人心所至可胜天”。

猫腻的文笔风格是符合教练的胃口的，我想他应该也是武侠小说的爱好者。因为我们能在他的行文中读到武侠小说的韵味，故事严谨而不失趣味，叙事连贯起伏有致，角色丰富各有千秋，立意深远抱负颇大，这样的故事在武侠时代或许是每本小说都具备的品质，但是在网文时代确实凤毛麟角，实属难得。

通常我们看网文，为的是一股新奇劲儿和轻松爽快的剧情，不用太过脑，图个消遣。但是读猫腻的小说这样不行，无论是他故事的悬疑伏笔，剧情的铺陈设定，还是有些矫情的文字，都让我们忍不住要多琢磨一下，细细品尝后大呼过瘾。

《将夜》这部小说，开篇从没头没尾没交代的渭城讲起，因要护送一位贵人去往都城，我们的主人公宁缺带着他的小侍女桑桑离开了他们生活多年的地方，也正式进入我们的视野。从身边人对他的态度和评价来看，他既不像一般小说主角那样悲惨和卑微，也不像有些故事里的主角那样有很多了不得的过去，他就是一个生于市井，长于边塞小城的少年。虽然作为疏碧湖砍柴者，杀过马贼，守过边疆，但充其量也只是个不能修炼的普通人。这样的开篇，这样的角色，很难让读者去想象这是一个怎样的故事，会因何而起，又将如何而进展下去。所以，这并不是一部开篇就燃的小说，但却不让人乏味。故事像一个漩涡，循循善诱地引导着好奇的读者去不断了解更多人物背后的故事——宁缺为什么要修行？为什么要考书院？又为什么要选择这样艰辛的活法？

说到这儿，不得不佩服猫腻对整个故事的驾驭能力，他不疾不徐，一点一点揭开谜底，让我们跟着故事的进展，越来越了解这个世界和他的法则，了解人物的使命以及互相的关系，了解不同门派面具下的真实模样，了解书院的主张、西陵的阴暗……所以这部小说的成功之处就在于不断满足我们的好奇，又不断带给我们更大的好奇，好像一张徐徐张开的大网，让我们欲罢不能。

其次，这里的人物生动形象，深刻入骨。猫腻的文字很扎实，很像金庸。他笔下的人物无论善恶都栩栩如生，跃然纸面，我们仿佛看到了一个个活生生的角色在我们面前，也不由自主地浮想一些形象去对号入座。宁缺少年老成，时而“腹黑”，时而热血，做事讲究规矩，做人但求无悔，爱吃三十粒葱花的鸡蛋面，多一粒不行，少一粒不可，这看似废话一样的铺陈，恰恰将人物的性格描写得入骨三分。夫子慈悲博爱，又护短贪嘴，一个伟岸而不失烟火味道的长者让我们肃然起敬。颜瑟大师慈祥可爱，洒脱不羁，对宁缺无所保留地关爱。可以说小说中最让我感动的人就是颜瑟，看到他逝世的片段，忍不住热泪盈眶。我一直认为，每个成功的故事里都应该有这样如父亲般的角色，不需要大义凛然，却应该爱子如命，付出所有去捍卫自己孩子的幸福，即使到生命的最后一刻，也始终满怀热忱的父爱。我们常说父爱如山，一个父亲般的角色对主人公的影响是深远的。

其实，看一部小说的人物刻画是否成功，教练有个简单的法子，就是当你看完这部小说一年之后，回想下这部小说里的人物，如果你不仅能记得每个人物的名字，甚至那形象、那神情都在脑海里自动成像，那么这部小说至少对于你来说，就算是成功地刻画了它的角色。在这点上猫腻尤为擅长，他很会拿捏人物的精髓，每个人物可能笔墨不多，但却有足够的差异性，深刻而久远。

最后要说的是，这部小说的节奏真的是好啊！看过那么多小说，教练一直觉得一部小说的好坏是由很多因素共同构成的，但是一部小说是否好看，关键就看故事的节奏是否合理。这种感觉就像我们看电影，不是所有好电影都会让你全身心地投入，但是节奏好的电影能让你觉得它一气呵成，剧情张弛有度。所以我们还应当承认的一点是，猫腻无疑是讲故事的大师。

《将夜》对节奏的拿捏很巧妙，前面的剧情平淡过渡，从一出春风亭夜战的好戏拉开帷幕，可谓酣畅淋漓，也引出了小说里对于宁缺而言第一个重要的角色——鱼龙帮朝二哥，再带出颜瑟渴望收徒的契机；故事转而放缓，细细描写都城的人物关系和各门派的势力对比，进一步揭开整个世界的样貌，为进书院做铺垫；书院考试有惊无险，一切酝酿都指向小说前期的第一个真正的剧情高潮——登书院后山，夫子亲传弟子的考核，宁缺草根逆袭，击败众望所归的隆庆皇子，成为书院的"十三先生"。诸如这样的节奏安排贯穿全文，让读者深陷其中，欲罢不能。

但是全文看完以后，你会发现问题也很明显。故事的前半部分可以说猫腻驾驭得很好，但是到了家国保卫战时，因为要照顾到与天斗的大主线，又要集中刻画好保卫战的高潮戏份，这样的剧情重叠就让整个剧情看起来太辛苦、太耗心神，最后成了提不起劲拍手叫好，反而忍不住想要快进的沉重片段。而在后半段昊天来到人间，夫子去到天上的故事上面，猫腻在分寸的拿捏上花掉了太多精力，几乎已经无法再照顾到故事本身的合理性，所以会让人感觉风格变化太大，很不适应。

（4）

文学指数：8.5分

这部小说的文学性，主要体现在整个故事的"成熟"上。可以说，从最初开始的创作到这部《将夜》，猫腻已经成为一个极具自我风格的成熟作家。他的小说，最大的好处就是"很猫腻"。有些作者换了不同的题材，风格也会随之调整，然而猫腻无论写什么题材，都依然是风骚的猫腻风。当然，这点的好坏见仁见智。

教练我本人对于猫腻的文风是很欣赏的。我觉得，这个世界不会缺少好的作家，从前不缺，以后也不会缺，但缺少的是独特的灵魂，那种我们看第一章就能会心一笑，知道文字出于谁手的独特味道。

脑洞指数：8分

小说前期的世界框架感觉并不大，讲述的也只是一个有关复仇的故事。后来我们发现复仇的背后并不简单，原来还牵扯到一个惊天的预言，这个预言引出了有关昊天和永夜、冥王的设定，中间还穿插着各国家、各门派的利益纠葛。直到这时，一幅巨大的画卷才徐徐展开。其实，《将夜》的世界观之庞大，是几乎可以媲美《指环王》《权力的游戏》这样的西方巨作的，而《将夜》的立意，更是大胆地从种族与种族、国家与国家的战争，上升到人与命运的斗争。这种格局上的突破，教练认为也是一个作者"大脑洞"的体现。

IP 化指数：9分

要说猫腻的运气还真是不错，虽然针对《将夜》的改编开发没有其他热门 IP 那么多，但是在它这里，每一步都很扎实，而且极其成功。

（5）

这里我想重点讲一下的，是2018年上线的《将夜》改编网剧。教练认为，这堪称当年年度最佳男频网文改编的电视剧。电视剧方面，有三点值得所有男频改编剧学习。

对原有故事尊重，剧情有改动，但不突兀。看过电视剧的朋友会觉得，虽然剧中部分剧情做了调整，但是整个故事看下来，依然还是我们所熟悉的《将夜》的故事，还是我们记忆里的那份味道。电视剧版基本保留了原著里那些关键的热血剧情，并且在讲述顺序上做了更符合影视叙事方式的改编，让整个故事更加流畅。

演员的选择上可圈可点。首先，在主演的选择上大胆起用新人，宁缺的演员陈飞宇是陈凯歌导演的公子，演技也算不错，形象阳光，当然了，陈凯歌导演的加持，也让整个电视剧可以获得很多帮助。桑桑、莫山山、也红鱼等新人也算过得去，而其他的关键配角几乎都是老戏骨，堪称妙绝。教练真心喜欢剧中金士杰老师扮演的颜瑟大师，放浪形骸、大隐于市，从看到宁缺的第一眼就满眼都是欣喜，到最后一刻心里依然放不下宁缺时眼中的不舍，金老师的眼神里有太多的故事。主角得知师父颜瑟仙逝那段配合伴奏的回忆，让我看得眼眶湿润，唏嘘不已。其他演员如胡军扮演的夏侯、黎明的唐王、郑少秋的父子、刘佩琦的陈某，都可以给满分。

音乐的制作是用了心的。近些年，国内影视剧的预算大大增加，很多方面都有了明显的进步，但是影视音乐却一直处于很尴尬的处境。大家可以回想一下，伟大的影视剧作品，一定都有同样经典的影视音乐，一部影视剧的音乐，要对得上它的故事，因为有些情绪靠演绎是不够的，还需要从音乐上引起观众的共鸣。大家仔细品味下张靓颖的《故长安》、谭维维的《永夜》，都是能和剧情对得上的。

要说电视剧美中不足的地方，我认为，一方面是剧情在对情感的描述上过于细腻了，因而让叙事的节奏稍显拖沓；另一方面就是个别年轻演员对角色的驾驭有些吃力，还有很大的提升空间。

除了电视剧以外，《将夜》的电影是新丽传媒拿了授权，2016年备案立项，不过目前还没看到更新的进展。

此外，《将夜》的漫画改编是在有妖气和腾讯动漫上同步连载的，2016年已经完结，从成绩上来说，漫画的成绩非常不错。

《将夜》的手游，当下也可以通过很多平台下载，不过游戏的开发并不理想，依然是一款圈钱的 IP 向游戏。

从《将夜》的开发经历大家不难看出，小说的 IP 化开发是急不得的，和我们前几期说到的一样，合作伙伴的选择至关重要，好的伙伴会彼此赋能，互相加分。在接下来的时间里，网文的影视化 IP 开发应该会摸索出成熟的模式，但是游戏、动漫如何联动，依然是个需要摸索的问题。一些手握好 IP 的文娱公司应当谋定而后动，不要光想着靠流量套现，也应该更多想想能否带动其他板块的更大变现可能。

第八章　青春无悔追梦路：《全职高手》

（1）

本节我们说的这部小说——《全职高手》，可以说是集万千宠爱于一身。这部小说在创作初期，只是一部单纯的网游电竞题材小说，但随着这两年中国电竞产业的高速发展，从国家对电竞的认可和扶持，到全民电竞风潮的崛起，电子竞技爱好者的总量急速上升，让许多本不爱好网络文学的人也对《全职高手》产生了浓厚的兴趣。

很多读者感慨在这部小说里看到了曾经追逐过的梦想，以及那段叫作青春的热血时光。每个时段都有呼唤时代力量的青春题材，二十多年前的《灌篮高手》激励一代人燃烧篮球的梦想，本节我们要说的《全职高手》正在点燃中国年轻一代从电竞中学会拼搏，读懂青春的激情！

《全职高手》助推了这个时代对电竞的理解，然而电竞的发展也成就了这部小说电竞热血第一文的地位。这正是文学和时代的关系，也是故事从生活中来，再回到生活里去的创作初衷。生活多变，变化的是逐梦的路径，热血不改，不改的是青春的坚持，感谢在这个时代见证国家的崛起，从方方面面赶超世界，感谢在中国电竞一步一步称霸世界的过程中，有蝴蝶蓝创作的《全职高手》陪伴我们热血追梦，无悔青春！

（2）

因为这部小说是近几年的热门作品，现在网络文学已经遍布世界，所以《全职高手》的粉丝不仅在国内，甚至在美国也有很多粉丝。国外的读者对这部小说的评价也是超乎想象的高，国内读者的书评很多，这里我挑了几个相对客观、不吹不坑的来分析下。

豆瓣读书的读者评价说“再看十遍也不会腻”，认为这部小说值得我们去细细咀嚼，慢慢品尝，即使知道结局的大团圆，却还是被精彩的剧情起伏带动心绪。尤其是人物的刻画，真正做到了千人千面，每个人从内而外都有自己的性格，不只是脸谱式的差别，而是独立性格和独立主张的不同，也正是这些活生生于小说里的角色为我们演绎了如此动人的故事。

另一位追蝴蝶蓝小说很多年的老读者评价道：“追蝴蝶的作品也不是一年两年，几乎每部都很喜欢，《全职高手》更是达到了一个高峰。小说中的战队写了很多，成员写了很多，工会的，外围的，打酱油的，都列出来估计五百字都不够，难得之处在于每个人物都写出了特点，让即便不是主角的他们也拥有了众多的粉丝。”

百度的读者评价说：“《全职高手》是不一样的网游。《荣耀》游戏是借鉴 DNF（《地下城与勇士》）的，但是又导入了3D 的立体感，看小说玩网游的人不会陌生，受众很广。《全职高手》一共三个部分：虎落平阳打网游、重整旗鼓战嘉士、狭路相逢争王者。全程都是看点，每个人都有自己的特点，每个人都在努力。叶修最让人欣赏的就是，不改初心。”

大部分读者都承认这部小说依然是一部爽文，但却和其他爽文有很大的不一样。同样是套路，在《全职高手》里你不会审美疲劳，不会厌倦，甚至感受到热血澎湃，那么蝴蝶蓝是怎么做到的呢？且容我细细讲来。

（3）

对于这部小说的评价，教练心里的那句话是“青春无悔追梦路，敢问热血可冷否。”

《全职高手》会是一部有时代意义的网络文学，会成为蝴蝶蓝在当下所有读者心里刻下印记的代表作。每个国家，每个时期，每个文化引领社会的浪潮即将来临之际，都会有些作品被时代记忆，因为每个时代都会有年轻人肆无忌惮追逐理想的声音。回望二十多年前的日本。当时日本的体育水平落后，民众对体育的参与性不高，因为日本年轻人的身高体质偏弱，所以民众对于体育竞技并没有太大的信心。而当时日本的漫画业处在高速发展的阶段，一些有想法的漫画家创作了一系列体育竞技题材的漫画作品，旨在激励当时日本的年轻人燃起投身体育事业的热情，例如高桥阳一的《足球小将》，堀田由美原作、小畑健作画的漫画《棋魂》，井上雄彦的《灌篮高手》等，这些作品激励了日本一代年轻人，甚至前阵子看一档国内的篮球类综艺栏目里的一个嘉宾说：“我们很多人喜欢上篮球不是因为NBA，而是因为《灌篮高手》。”2018年是《灌篮高手》完结二十二年，井上雄彦突然发布新闻说“我有点想见这些家伙了”，然后2018年6月1日，《灌篮高手》重画版推出，刚上架就被抢光。这就是青春的魅力。

而本节我们要讲的主角《全职高手》是同样意义非凡的作品。当十几年后，中国的年轻一代代表国家在世界电竞舞台上为国征战之时，他们会记得小的时候有部小说点燃了他们的电竞梦想，小说里那个叫叶修的年轻人和他的伙伴们为了心中的电竞荣耀，为了无悔的青春选择而努力拼搏。随着互联网、移动互联网的高速发展，电子竞技脱胎于游戏行业，却承载着竞技精神，正式被全世界认定为体育竞技大家族的一分子，如果说传统体育运动是曾经少年热血澎湃的样子，那么今天的电子竞技就是少年燃烧激情的舞台。而《全职高手》的故事就从一位曾经站在世界电子竞技巅峰的职业选手“大神叶修”虎落平阳，跌入人生谷底时拉开序幕，一路隐忍，积累，逆袭，圆梦。故事简单直接，情节明快，曾经的对手成为而今的朋友，曾经的队友而今兵戎相向，爱恨情仇，尔虞我诈，人情冷暖，世态炎凉，每个人物都生动有趣，有血有肉。

《全职高手》的成功是很多个偶然造就的必然。一是与电子竞技的粉丝群体产生共鸣；二是处于网游类小说的拐点，此前大部分网游类小说都是以角色扮演类游戏为故事样本；三是赶上阅文集团上市后文改漫的大胆尝试；四是遇上中国电竞国家队亚运会表演赛夺冠，2018IG 俱乐部在英雄联盟 LPL 联赛 S8赛季夺冠等等诸多大事件前后发生；五是《全职高手》里游戏荣耀的现实样本游戏是 DNF，在小说连载的时期也是市场上热度较高的游戏之一。

蝴蝶蓝是位聪明的作家，懂得自己想写的是什么，也懂得市场上最有可能引起共鸣的作品内核在哪里，所以他的成功是一种必然！

再者，这部小说是一本饱含正能量的网络文学作品。小说有很多恩怨情仇，却都有各自的原委。有复杂而多彩的人物，他们或敌或友，却同样有自己的坚持：叶修的卷土重来，荣耀加冕在身；喻文洲智计无双，谋算第一；黄少天剑定天下；韩文清十年荣耀，廉颇未老。整部小说里的每个人物都刻画得很到位，无论主角还是配角总有自己对生活的理解和对梦想的认知，这群人他们既是彼此的对手，也是共同成长的伙伴，他们用热血谱写的青春故事给读者最大的成长能量！正如小说里那句经典的台词：“你喜欢荣耀吗？如果喜欢就把它当成是荣耀，而不是炫耀。”整部小说“易燃易爆”。

最后这部小说是天生具有偶像气质的一部小说。严格意义上说这是一部男频小说，但却是女粉丝最多的男频小说之一。书里的故事设定从一开始就非常有偶像剧的潜质，中间故事起伏转折，人物的性格张力强，吸粉无数，而故事看似没有太多爱情的戏份，实际上却将爱情藏于一起奋战的故事里，更深沉，却也更阳光。

（4）

文学指数：9分

蝴蝶蓝的文学造诣一直是网文作者中的佼佼者，而《全职高手》充分体现了他返璞归真的写作水平。就如同小说里主人公叶修的电竞水平一样，蝴蝶蓝写作上没有太多华而不实的技巧，反而有一种朴实无华的真实感，故事行文流畅，引人入胜，初看时并不惊艳，却很容易被代入到故事里，而且不自觉间就一发不可收拾，深陷情节不可自拔。这种写作能力在一众网文中是特别少见的，尤其是在一部爽文上能看到这样的功底，可以说《全职高手》这个得天独厚的题材遇上了最会讲故事的蝴蝶蓝。蝴蝶蓝写作的风格很像一位我很喜欢的青春题材影视作品导演——张一白，张导在讲述青春故事的时候那种娓娓道来、情深处入心入肺的感觉在《全职高手》这部作品体现得淋漓尽致。

而故事立意看似简单粗浅，实际上影响深远。如前面提到的，对青春的激励是一个时代所需要的，人物复杂却不单调，每个角色都有出场的意义，也都存在自己的画像，不只是外表上的特色，是能让读者看到一个栩栩如生的角色形象。所以你会发现，同样喜欢这部小说的粉丝们可能都有着自己喜欢的不同的角色，这样的作品能让读者在故事里找到那个最像自己、承载自己梦想的角色，然后再带着这个角色的特征在现实中继续为自己的生活而努力，这就是文学最伟大的力量！

脑洞指数：7分

这部小说的脑洞不算很大，因为蝴蝶蓝想要写一个一气呵成的故事，所以他没有精力也没有办法在行文时用太多笔墨去解释和设定太多全新的概念。《全职高手》里的故事是个不难理解的故事，不烧脑，甚至连故事里用到的游戏《荣耀》，也都是取材于《地下城与勇士》，没有完全独创。当然在原本的2D横版游戏的基础上还是做了3D化的升级。那么我们是不是也可以大胆期待未来蝴蝶蓝带给我们未来游戏电竞世界的故事，就如同《电子世界争霸战》《头号玩家》等一样划时代的科幻+电竞主题的作品呢？

IP化指数：9.5分

《全职高手》的IP化开发从成就上来说几乎是满分的作品，因为其电视剧和电影还未上线，不敢说一定是满分，所以这里留了0.5分待日后再评。

（5）

整体来说，如果十年后大家来评价《全职高手》这个IP的成功和价值，小说占六成功劳，其他衍生开发的内容占4成功劳。

首先我们先来谈谈小说的漫画和动漫。这次的漫改画风上是一次巨大的突破，完全超过了之前的《魁拔》等一众不成风格的国漫，《全职高手》的画风是少男热血和少女视觉美的综合，人物的设计非常少女偶像风，但是打斗等画面又是少男激斗风；动漫的情节设定也在尊重原著的基础上做了节奏的调整，使整个故事的起伏更大，剧情张力更强。

从成绩上来说，动画刚播出第一集就被麦当劳签下授权合作，特别篇的第一集刚播出B站就已经播放量破亿，弹幕更是空前绝后，网友大呼前方高能。2018年4月阅文集团在腾讯新文创生态大会上宣布，11部自制动漫作品中，《全职高手》第一季在播出后全网播放量突破了11亿，拿下了国产2D动画播放量第一的好成绩。甚至外国网友和媒体都评价这部动漫非常酷，超级棒！

在游戏上的衍生本来应该是最快的，但是版权方对游戏的开发很慎重，于是让游戏的开发拖了再拖。其实小说里本身讲述的故事就是在一款叫“荣耀”的游戏基础上展开剧情，那么现在提起叫“荣耀”的游戏，很容易让大家想起腾讯出品的《王者荣耀》，但实际上小说里的游戏《荣耀》是以另一款游戏《地下城与勇士》为样本的，而且两款游戏模式完全不同。现在已知的消息中有一款 mmoarpg 模式的手游正在开发中，期待能早日问世，但是更期待的是这款游戏能对得起原著粉丝的期待和“大神叶修”的加持。

关于这部小说的衍生开发，另一个重头戏我想就是大家期待已久的电视剧改编。由企鹅影视、柠萌影业联手打造，杨洋、江疏影主演。这部电视剧从还未开拍时起就备受期待，可以说在出演了《微微一笑很倾城》之后，杨洋就被认为是适合扮演大神叶修的年轻演员之一，而江疏影扮演的陈果也是风情万种。电视剧于2019年上线。

小说中叶修大神一直用他独特的温柔对待身边的一切，对待生命中的一切，也希望最终《全职高手》这个 IP 能被喜欢它的粉丝们温柔以待！

（6）

电竞网游题材的小说，在男频文里算是一个比较热门的领域了，优秀的作品自然也不鲜见。本节推荐几本教练很欣赏的网游类题材的小说给大家。

第一部推荐给喜欢超长篇小说的朋友，来自雷云风暴的起点“大神”作品《从零开始》。这部小说的连载本身就是个传奇，可以说是当时起点的神作之一，其中游戏世界的精彩就等各位慢慢品尝吧。

第二部《梦幻现实》，作者是起点早期的“大神”云天空，也是网游文的开山作品之一。故事传统复古，讲述主角从弱者成长为霸主的热血故事。

第九章　网文岂可无斗罗：《斗罗大陆》

（1）

本节我们说的这部小说——《斗罗大陆》，可以说是网文幻想小说的殿堂之作。书的作者唐家三少，也是行业里公认的劳模，有些读者说，看着看着就会对唐家三少的小说无感，因为他的作品过于套路。但是你不能否认，2005年到2010年的五年时间里，每个网文爱好者都有一段属于唐家三少的岁月，简单轻松，却永远向阳而生！

其实，唐家三少是教练这档节目里第一期就想讲的一位作家。我承认，我内心里有更喜欢的作家，但如果你问我众多网文作者中最敬佩的是谁，我想除了唐家三少，我想不出第二个名字。他孜孜不倦的创作态度，就如同日本漫画界的尾田老师。看唐家三少的小说，你不用担心哪天因为作者一时闹情绪就断更，更不用担心来得措手不及的太滥和烂尾。虽然十几年过去了，唐家三少的作品依然没太大的进步和变化，却胜在了稳定和持续。在最初接触网文的时光里，总有那么一部小说属于唐家三少，因为在他的小说里你能读到青春、阳光，还有网文最基本的味道。

（2）

《斗罗大陆》这部小说严格意义上说是三部曲，第二部是《绝世唐门》，第三部是《龙王传说》。但今天，教练想和大家说的主要是《斗罗大陆》，因为在教练心里，后两部并没有和第一部一样成功，甚至在剧情上偏离了第一部的初衷，我想这或许是出自工作室创作的缘故吧。

就算是第一部的舆论，其实也是褒贬不一的，毕竟这是一部彻头彻尾的小白文，所以很多有成熟阅读习惯的朋友可能不太喜欢。在这里，教练找了几条没那么激烈的评价给大家看看。

第一条："《斗罗大陆》之所以受到很多读者的喜爱，是因为三观很正确，《斗罗大陆》的世界观、国家、货币、等级制度等等都介绍得面面俱到，有着纯净的世界观，展现了美好的友情，也歌颂了爱情的美好。还有就是和女主小舞情感。简单也好，略显复杂也罢，无处不透露着爱情简单而美好。感情的描写也很细腻，如丝如律，热烈浓厚。最重要的是不像其他小说，三妻四妾，而是一生一双人。《斗罗大陆》没有过多的啰唆的情节描写，故事的起起伏伏，跌跌宕宕，都牵扯着读者的心。就像我们在聊天中谈论一件事，一般只会陈说事情的发展主体，而这些发展的主体，就像是一个故事大树的树干，很重要。《斗罗大陆》就是创作出了一个个吸引人而且连贯的故事，这些故事简练、起伏，读者会很轻易地被吸引，阅读起来也会是轻松的。"

另外一位读者也写道："《斗罗大陆》，包括唐家三少的其他网文，都不错……不错在什么呢？一个神奇的世界设定……虽然都是算数题形式的，但是想出这么多各种类型的算术题也很不容易。这部小说现在在青少年眼中是不入流了，不管是文风还是剧情。因为网络时代下这部小说原本定位的适读人群早已接触到更潮流的东西了（动画、美剧、好莱坞……），都会对此嗤之以鼻。不过，这部小说的历史地位是不能抹杀的，毕竟它陪伴并激励了半代人。主角光环太高，情节很乱，人物关系有问题。并不是世界名著，但成名作、巅峰作的水平不是吹出来的。不同的人有不同的喜好，但它绝对不是烂文。"

这位书友应该是较为成熟的读者了，他能看到小说的缺点，却也不否认这部小说的意义。

当然了，如果今天让教练来重读这部小说，我也会觉得太过少儿和套路——剧情的惊喜不多，角色的塑造也存在脸谱化的问题。不过，这样的作品在整个网文发展过程中一定会出现，也必须要出现，你总要给年轻的读者一些轻松的作品，就如同不同的人在不同的心境下喜欢听不同的音乐一样，这是一种需要，讲究的不是好与坏，而是是否合适。

（3）

首先要说明的一点是，教练可能会不太客观地来评价本节的这部作品，因为唐家三少的小说在最早的网文时代里，陪伴教练度过了很多难忘的岁月，尤其是在宿舍里挑灯夜读的时候，正是唐家三少的小说解决了我的书荒。所以本节对《斗罗大陆》的评价，我要献上一句非常高的评价——“网文岂可无斗罗，自立唐门称三少”。

教练觉得，每部小说都有它的气质，《斗罗大陆》的题材是玄幻，但整体看起来充斥着青春的气息。是的，有些读者在里面看到了玄幻的世界，奇异的设定；也有些朋友看到了一群热血青年，为了梦想，为了各自的坚持，为了整个世界开启伟大征程的故事。其实，这部小说的确是100%的一部意淫小白文，但是却是有二次元精神的小白文：故事的主角们就算“开挂”，就算强大到不合乎情理，但他们阳光、正直、善良、热血，就像日本动漫的主角一样，或许情节崩坏、有漏洞，但感情真实、不做作。

记得小时候我们很喜欢看日本的动漫，其中有一个原因就是日本动漫的故事热血而动情。无论是《火影忍者》的羁绊精神，还是《海贼王》的伙伴情怀，我们看到的，是主角的成长和不变的初心。《斗罗大陆》里的史莱克主角们也具有同样的精神，他们的友情故事和成长经历正是青春的华章。

此外，唐家三少也是非常擅长构建世界的一位作家。从最初的光之子、狂神，到后来的琴帝、斗罗，这一路走来，唐家三少一直在变换世界的设定，一直在努力尝试给读者勾勒出更为新奇的世界。很多人其实并不理解，唐家三少从不停歇的想象力，才是他创作的原动力。前段时间，我们看到那本他写给妻子的《为了你我愿意热爱整个世界》，相信那些一直以来用“小白文作者”标签去评价唐家三少的朋友会对他有所改观。在《为了你我愿意热爱整个世界》这部小说里，我们看到的是唐家三少对生活、对妻子的爱，看到的是超越了小白文水平的叙事和情感铺陈，看到的是走心的文字和令人动容的真情。

话说回来，《斗罗大陆》自然也存在着很多小白文所共有的问题：主角实力太强、情节不够细腻、很多逻辑经不起推敲，以及唐家三少的其他作品都有类似的成长过程和同样大篇幅的学院生涯。放到今天来看，你很可能还是觉得这小说没有性格：主角不够“腹黑”、不够邪，配角不够出彩，台词也并不深刻，甚至连故事也就是那么简单的一个故事而已，没有太多的反转和太高的高度。诚然，这些都是《斗罗大陆》存在的问题，但是假如时光重来，你会发现，在那个时期，这样一本书的出世和火爆是不可抵挡的。为什么？我们在评分环节展开来说。

（4）

文学指数：7分

咱们还是回归严肃的态度。

公正地说，这小说的文学性不高，教练只能给7分。因为小说在创作之初，定位就是通俗易懂的快餐文学。唐家三少创作《斗罗大陆》时，目的就是能让更多人看得懂、看得轻松、看得爽。既然他在文学性上不做追求，但求无功无过，那我们还能说什么呢？

脑洞指数：8分

和《斗罗大陆》的文字平白一样，大家都不会否认，唐家三少的脑洞其实是相当不错的。作为一位网文年代早期就开始创作的高产作者，能够尽可能地去突破自我，教练觉得是很困难的一件事。当时《斗罗大陆》的出现，教练认为对于唐家三少自己也是一次挑战：他打开了一个全新的世界，第一个他想要构造的、能达到三部曲级别规模的世界，也是第一个贴上唐家三少标签的世界——这种意图甚至明显到了故事的主角都叫唐三。

正因为在这部小说、这个故事里唐家三少投入了很多的个人感情，他打造了一个能装进所有粉丝和他自己情怀的世界，所以这个世界会叫《斗罗大陆》，而所有喜欢唐家三少的粉丝们的家就是唐门。

IP 化指数：9分

《斗罗大陆》的影响力，在唐家三少的赋能下应该说是极其恐怖的，这个 IP 的商业价值一直也被很多人关注。这部作品的 IP 开发，从一开始就具备成为一座金山的潜力。当然从目前来看，《斗罗大陆》IP 的开发是全面且稳健的，而且参与衍生内容开发合作的都是各自赛道上的顶尖公司，我想这也为整个 IP 赋予了更大的价值。所以 IP 化指数这里，教练给出9分。

（5）

在前面我提到了，《斗罗大陆》的故事是有些二次元精神的，咱们干脆就先来说说动漫、漫画的开发部分。漫画部分是由漫画家穆逢春改编的，最初在《知音漫客》上连载，后连载于《风炫动漫》。动漫部分则是由企鹅影视和玄机网络联合出品的大作。如果你对玄机还不了解，那我说几个玄机制作的动漫作品，你绝对是耳熟能详的：《秦时明月》《武庚纪》《天行九歌》，怎么样？无一不是品质巨作！教练也认为，玄机是国内动漫界执牛耳的公司之一。

可能是大 IP 的背景影响，也可能是腾讯加上玄机的联手打造，这部动漫在上线之前就已经备受关注。作为一部网文漫改的作品，到底会呈现出怎样的效果？当时动画的第1、2集一上线就掀起了动漫圈和原著粉丝圈的轩然大波，网友纷纷评价它是代表国漫水准的一部佳作。宏大的特效，3D渲染下的美术置景堪称还原度90%以上，对于人物的建模，至少在主角上玄机是用了心也烧了钱的，虽然部分配角的建模不免有些粗糙，但总体来讲也过得去。配音方面，主角的配音稍微有些不够稳定，但一些配角的配音倒是可圈可点。打斗部分和特效部分，真的是每一秒都能闻到钞票的味道。动漫的歌曲也请来了萧敬腾演唱，整体上的制作对得起玄机的招牌，堪称精良。不过稍微遗憾的是，剧情在整体节奏上的拿捏有些拖沓，部分细节剧情的调整可能不如原著粉丝的预期，再加上玄机一直以来的问题都是产能方面并不算快，也就是圈内说的“有生之年系列”，所以很多喜欢《斗罗大陆》的朋友是免不了等更的煎熬了。

游戏方面，《斗罗大陆》的手游是完美世界开发的一款纯粹的烧钱手游，教练当时因为喜欢这个IP也上手玩了下，冲了两千多，发现真是坑无止境！于是就果断退游了。客观上来说，《斗罗大陆》手游的模式和其他所有的卡牌游戏是一致的，估计底层的技术代码都是相似的，只是换了美术和一些故事线吧。

还有一个大方向是，《斗罗大陆》的电视剧也在2018年年底开机，依然是由最喜欢改编网文IP的新丽电视来拍摄，共有40集。

最后，动画电影和真人电影领域也有一些相关的传闻，但是教练认为当不得真。为什么？主要是前几年炒作IP时遗留的一地鸡毛吧！我还是希望《斗罗大陆》能够放慢节奏，一点一点地开发，先让已经进行中的衍生开发取得成绩，让合作方、投资方有收益，也让原有IP增值，再有计划地进行全领域开发规划，别太过急躁地想要迅速授权出去。况且，现在也过了资本方饥渴追求IP的时期，在经济环境紧缩的大背景下，文娱市场正在从过热的环境慢慢降温，一切都将回归到“内容为王”这四个字。所以，我更期待《斗罗大陆》和像它一样的IP能够得到更专业、更系统的运营，这样才有可能诞生中国的DC和漫威。

（6）

又到了推荐作品的环节！既然本节我们讲的是一部小白文，而且也是三部曲的一部小说，那么教练索性就给大家推荐一部私以为小白得无比成功的一部小说：来自科幻机甲“大神”骷髅精灵的风暴三部曲——《机动风暴》《武装风暴》《星战风暴》。喜欢简单热血、燃起来的朋友千万不要错过，而且在后面的章节里，教练也会给大家重点讲解这个成功的三部曲IP。

第十章　碧血丹心终不悔：《诛仙》

（1）

本节我们说的这部小说——《诛仙》，可以说承载了众多读者的青春回忆。在那个我们刚刚接触网文的时候，一位名叫张小凡的修仙少年，闯入了我们的视野。他纯朴善良，却几经磨难；他背负深仇，却心向阳光。他如同那个年代的很多年轻人一样，即便不被上苍眷顾，却依然热爱生活。无论从哪个方面来看，《诛仙》都是一部具备现象级影响力的作品，可以说在那个时期，几乎没有任何一部网文能够掩盖它的光芒，而且这部小说在很多读者心里留下了深刻的印象，种下了一颗久久不能忘怀的种子。

严格意义上来说，《诛仙》并没有太大的世界观，故事逻辑也并不复杂，它能感动如此多的读者，教练认为主要因为它是一部动情的小说。认真看过《诛仙》的人，可能都曾为它流下眼泪，因为大多数人在年轻的时候，都曾和张小凡一样疯狂地去爱过一个人，却也曾无力地被命运按下抗争的头颅。在最无能为力的年纪遇上最想守护一生的人，是一场注定的遗憾！

（2）

《诛仙》这部小说，曾一度引发剧烈的讨论，所以关于这部小说的评价也是很多的，读者从不同的角度分析，表达了自己的感受。

有人说，《诛仙》这部小说开创了仙侠小说的先河。在《诛仙》

出现之前，网络上的小说以武侠小说和玄幻小说为主，而《诛仙》这部小说第一次将仙界梦幻与武侠世界融合为一。在《诛仙》这部小说出现之后，网络上的仙侠小说也随之兴起。而《诛仙》也着实为仙侠小说斩获了一大批读者的芳心。我也就是在那个时候喜欢上仙侠小说的。《诛仙》这部小说的人物刻画很成功，让人感动。两条线索也写得很好，感情线埋藏得深而生动。

简书上一位名叫“散人漫语”的读者这样评价：“《诛仙》无疑是一部优秀的网络奇幻小说，它曾被新浪网誉为‘后金庸武侠圣经’。不唯如此，萧鼎的这部长篇奇幻系列小说，在中国台湾一经出版，即飙升至港台畅销书冠军榜，以其天马行空的想象、雄健恢宏的叙事迅速成为华语奇幻文学巅峰之作，扬名海外。网络点击数超过三千万人次，被誉为可媲美还珠楼主《蜀山剑侠传》的国内新一代有浓郁中国风骨的奇幻精品巨著。”

总之，舆论普遍认为，一方面，小说走出了传统武侠所刻画的侠之大义，对其进行了无情地反讽和解构；另一方面，小说中主要人物的价值观念并非是颠倒的或混乱无序的，而是在正邪之外秉持一种“天理人情”。这就是大多数读者对《诛仙》有感情的根源所在了，因为我们都在这个名叫《诛仙》的世界里，看到了自己的生活，以及我们的过往与内心的向往。

（3）

《诛仙》这部小说，当时教练是一口气看了两遍的，从哀其不幸，到怒其不争。第一遍看完，当时内心久久不能平静，怅然所失，于是乎就看了第二遍，看完不禁长叹一声，懂得了无奈往往才是人生的写照，太圆满的故事终究太遥远！十多年过去了，我对这部小说的一句话评价是“碧血丹心终不悔，情路深处仙同凡”。

在那个江湖已经远去，侠义不知所踪的2004年，《诛仙》带着浓厚的武侠味道横空出世。一如其他武侠小说里的主人公，张小凡出生于一个普通的乡村，后来被屠村的仇人普智收为徒弟，助其加入青云门，开始了整个故事。这样的开头不算惊艳，主角也并不出彩，但稳中带奇的开篇，一看便是武侠文学时代的故事结构。随着故事往后发展，我们在小说中不算宏大的世界里却时常感受到一股浩然之气扑面而来，侠义之气跃然纸上。

教练我是从金庸、古龙那个时代开始爱上小说的，所以对这样的好故事实在难以自拔，从2004年一直到2007年完结，一直跟着读完了《诛仙》。读完后，我不得不承认，《诛仙》的文笔和故事的严谨性比起武侠类的名作相去甚远，但是这部小说对于“侠”的价值观的辩证态度，真的是让人大开眼界。

在《诛仙》里，我们能够看到和《蜀山剑侠传》等武侠小说大相径庭的是非观，小说中对正道人士与邪魔歪道的区分往往是很模糊的。道玄被诛仙剑反噬、普智被嗜血珠反噬，虽然都是法宝导致的，但究其根源，也是太过执着的私心所造成的道心不稳。而张小凡变成鬼厉的十年里，可以说双手沾满鲜血，但对于他而言，这却是所谓的“赎罪”，为了碧瑶他甘愿如此。再到后来，他放下屠刀，被内心尚存的善良唤回本性。

从主角的经历不难看出，我们很难用好人坏人、正义邪恶去标签化《诛仙》里面的角色，也无法去客观公正地评判他们的行为。就如同早些年里，日本著名导演黑泽明先生拍过的一部电影《罗生门》讲的故事一样，每个人都做了在自己的角度认为是正确的事情，而我们从不同人的角度去看待这个世界时，和世界里的人看到的都是不同的感受——那么到底谁是对的？谁是错的？这个问题可能并没有统一的答案。

不同于很多主角视角的小说，《诛仙》给了我们更多思考的空间、更辩证的立场，或许我们心里都有自己的答案，也或许我们也都是罗生门的一分子吧。

其次，《诛仙》故事里的生活哲学是对人生的一次探讨，也是对每个人内心的一次拷问，我们如何选择爱？又如何去爱？

张小凡刚出场是个善良懦弱、自卑又努力的少年。这样一个少年不被师门重视，不被师长喜欢，仿佛在整个世界他连配角都够不上资格，但是我们读到这里却发自内心地去怜悯和心疼这个少年，为什么？因为他的身上有太多我们曾经的模样。曾几何时，我们也只能躲在人群的角落，默默注视着那些带着主角光环的朋友承受赞美和追捧，而我们却是可有可无的甲乙丙丁，那时候我们对人生只有叹息。过了很多年我们终于明白，主角这两字是属于每个热爱生活的人，属于每个为自己奋斗的自己，最后我们活成了自己的主角。而张小凡也就这样从默默无闻到变得有能力去帮助别人，但当他不惜暴露秘密救下师姐田灵儿，却被正道怀疑，导致一系列惨剧的发生，最后碧瑶为救小凡而用“痴情咒”，小凡判出青云，加入邪派鬼王宗，开始了后面悲情的故事。

在张小凡身上发生的所有不幸，细细看来大多是正道人士所为。先是普智屠村，后来青云门掌门道玄在小凡被审问时没有保护，在知道真相，担心小凡带着功法落入魔教，还为了所谓大义，用诛仙剑斩杀小凡。试问这样的世道，这样的世界，让张小凡如何去爱？又该怎样去爱？于是，才有了小说中那句撕心裂肺的“人活在世上，究竟是为了什么呢？”

故事的最后，张小凡在经历完所有事情后，带着对碧瑶的思念，和陆雪琪归隐山林。我想这绝对不是最好的结局，但却是张小凡唯一能做的选择。

小说里的故事早已结束，但是《诛仙》对读者的影响一直存在，我们可能在当时不满意结局，不满意最后张小凡的选择，然而故事终究是虚幻，我们各自的生活却是无比真实的，希望每位读者从《诛仙》里懂得如何去爱，不要让自己的生活留下遗憾。

（4）

文学指数：9分

在网络文学鱼龙混杂的年代出现一部这样的小说是很难得的。其文学意义在于，这部小说是一次对“文字力量”的极大体现，提醒我们用文字和故事要去表达和承载的到底是什么？自古以来，我们秉承“文以载道”的精神，用文字在不同的时代背景下呼唤人性的回归，把人性的光辉刻画出来，当我们在社会高速发展的今天，面对生活的压力，大奋斗的时代背景，但求能不忘初心，热血依旧。

此外《诛仙》的文笔扎实，人物刻画生动，尤其是内心戏的描写堪称经典，主要人物内心细微的变化和挣扎都在字里行间流露出来。而关于感情，作者写得很内敛，有意克制笔墨，不让感情成为滥情，却让读者跟着主角一起体会与碧瑶、陆雪琪之间的情感羁绊和心境转换。

而整个故事的情节设置和剧情转折清晰合理，读者看得投入而连贯。教练不得不说，如果不是结尾烂尾，我甚至很想给出满分。

整部小说看下来，前半部明显好过后半部。无论是张小凡原谅普智，还是后来的幡然醒悟，都显得过于草率和仓促，以至于我一度觉得后面的故事不是最初萧鼎想要讲的那个故事。据说是因为当时完美游戏买了《诛仙》的版权要开发游戏，所以干涉了原本故事的结局，留下了想要改变结局，创造大圆满结局就要从游戏里去完成的营销套路。传闻的真假我们如今已不得而知，不过教练本人倒是觉得可能性是存在的，毕竟这样的手段在 IP 开发中也算常用套路。

脑洞指数：6分

《诛仙》总体来说是个传统的故事，所以萧鼎没有再去追求世界观和一些设定方面的突破，整体看起来偏保守一些，这里教练觉得没什么出彩的地方，只能给个及格分。

IP 化指数：9分

《诛仙》作品对市场的影响，很大程度上是其 IP 衍生内容带来的。这不仅在网文领域造成了现象级的影响，由这部作品改编的游戏和电视剧也都曾轰动整个行业。因为其电视剧的开发不够理想，这里教练扣掉了1分。

（5）

《诛仙》的 IP 开发，最大的成功在于其开发节奏的连贯性。为什么《诛仙》能够持续影响市场，保持粉丝的活跃？因为关于《诛仙》的各种内容推送从不曾停止。当我们告别了小说时，却发现游戏已经在等着我们，它每个环节连接得很巧妙，同时每个衍生出现的时机把握很好。在网文高速发展的时期，从文学爆发，然后在电脑端游戏大火的几年开发端游，又在改编剧大热的时期推出了衍生剧《青云志》。

我们梳理一下时间轴：这部小说是在2007年完结的，同年4月，完美世界开发的同名电脑游戏就正式上线，并且为了推广游戏，请了著名歌手任贤齐演唱了两首游戏宣传曲：《诛仙恋》和《诛仙我回来》，一时引发巨大反响。对刚看完小说结局的原著粉丝来说，这波满满是情怀的营销大获全胜，在一片呼声里，粉丝加入到游戏的世界，继续《诛仙》的故事，可以说这是一次很成熟而高明的 IP 运营打法。以上所说的这些，看似是简单的几个环节的衔接，实际上这背后的全盘运营和提前布局，以及一些 IP 权利部分的锁定，都透露出完美世界当时对 IP 的绝对掌控力以及巨大信心。

而且在当时，《诛仙》游戏可以说是非常有代表性的国风仙侠的3Dmmorpg 多人角色扮演类网络游戏之一，很多玩家直到今天都不能忘记当时在《诛仙》世界里一起奋战的日子。2016年，完美世界也曾推出过《诛仙》的手游，但是成绩比较一般。

接下来我们要说的，是另外一个领域的开发。2015年，欢瑞世纪重磅打造的古装仙侠大剧《青云志》就是改编自《诛仙》，一众主演配角堪称豪华：李易峰、杨紫、赵丽颖、秦俊杰、舒畅、TFboys等等。电视剧起初大打《诛仙》IP，将情怀渲染到极致，然而一上线就受到了原著粉丝的强烈排斥。虽然整个特效和美术都还原得不错，可惜演员的选择和剧情都与原著相去甚远，导致后来主要宣传《青云志》而弱化《诛仙》。不过单纯从播放成绩来看，它也算可圈可点，相比较某些特效五毛、剧情崩坏的改编，至少对得起欢瑞世纪这块招牌。

影视方面，其改编的电影已由新丽传媒出品，由肖战、李沁、孟美岐、唐艺昕、刘端端主演，2018年开机，2019年9月上映。

其实我们细数下来，《诛仙》的IP开发在网文作品中算生逢其时，价值的挖掘和释放也很好，可惜的是原著作品的后续延续性不够，《诛仙2》也确实算不上出彩的作品。主要的问题是对于《诛仙》的IP本身，萧鼎缺少持续创造内容的计划和能力。

（6）

那么本节教练要给大家推荐一部什么作品呢？在这里，教练要给大家推荐一部大雅之作——徐公子胜治的《灵山》。这部小说，可以说是仙侠专业户徐公子构筑得最完整的一部。在一个元神存在的世界，讲述各种仙家胜地是如何共存的故事，可以说，这是徐公子的巅峰之作，将他对修真二字的理解体现得淋漓尽致，也将他对佛道文化、中西方神话的认知贯穿。

特别提醒，这部小说并非小白文，适合精读，有一阅几页习惯的朋友，可能会错过里面的精彩味道！

第十一章　一往无前薪火传：《龙蛇演义》

（1）

本节我们要说的这部小说——《龙蛇演义》，绝对称得上是另辟蹊径的一部奇作。这部小说的题材是都市文中的小众流派——国术流，流派风格可以说是“霸气侧漏”。

梦入神机这个作者，也一直是以作品风格多变作为特色的，这点教练很是喜欢。虽然他后来的《阳神》《永生之门》等作品剧情崩坏，主角吃人的价值观也不让人喜欢，但梦入神机笔下那股特立独行的范儿，让和我一样的很多读者觉得特别合胃口。

《龙蛇演义》虽然是从主人公弱小时开篇的，可节奏却不拖沓。主人公王超苦练十五年，连战一百多场，从市井小混混开始，在一个又一个惊天阴谋之中出生入死，磨练而出的是一股一往无前的武道气势，最终于不可思议时步入化境。随着剧情的推进，那个国术与火器碰撞的书中世界跃然纸上。

（2）

《龙蛇演义》被公认是梦入神机水平最高的一部作品。从王超身上，我们能够读到作者一往无前的气势，和对祖国强盛的期待。

有读者说：“这部小说没有《佛本是道》的淡漠无常，没有《黑山老妖》的满纸阴郁，只有纯粹的武道，一往无前的精神。在国术与其他格斗体系的对抗，国术大家的叙述中，作者道出了自己对道的理解，外在勇猛精进，内在明心见性，尤其是在老红军《十送红军》的唢呐声中得到升华，这才是真的梦入神机。”

知名书评人幕天也给了这部小说很高的评价。他说：“《龙蛇演义》是梦入神机的第三部作品，也是他自己最满意的作品。这部小说将国术技击融入故事之中，既是一种创举，也是一种传承。创举，是因为它开创了网络小说中的国术流。传承，是因为它继承了国术技击与文艺作品相结合的一脉创作传统。历史到梦入神机这里完成了一次螺旋式上升。技击武术借助互联网这个全新的媒介来了一次‘旧瓶装新酒’，再度以小说的形式表现出来，这次是通过‘国术’的名头来连接革命传统与爱国情怀。

“《龙蛇演义》连接到了中国共产党创立的革命传统。在此，象征着传统文化的技击与象征着革命精神的国术被结合在一起，梦入神机通过《龙蛇演义》完成了对我国两大文化资源的巧妙整合，并且以当下读者更加喜闻乐见的视角和方式写了出来。因此，《龙蛇演义》既是一种创举，也是一种传承。”

通过这些评语，我们不难看出，《龙蛇演义》确实是梦入神机的成功之作。作品透露的那股强烈的精气神，是一种传承，更是一种信仰，这种信仰是对革命的继承，也是对中华文化的一次具象化体现！

（3）

教练刚才也说了，梦入神机是我个人非常喜欢的一位作者，对《龙蛇演义》我当然也是爱不释手。所以我写给这部小说的话，也是我自己对中华文化的一份期许：“一往无前薪火传，明心见性得真经，大道三千直中取，华夏炎黄血里存！”

《龙蛇演义》的故事，是以一个平平无奇的场景拉开序幕的。没有宏大的铺陈和特殊的背景，在一位普通高二男生早起公园晨练的过程中，男主人公和女主人公相识了。纵观全作五百多章，字数不算多，但却让读者感到很尽兴。与同时期动辄三百万字起，一千章开外的爽文不同，这部小说的节奏紧凑，故事情节紧张刺激，每一段剧情都内容饱满，它所带给我的阅读体验，我认为是同期作品里最舒服的。

难能可贵的是，这本国术流的开派之作里，包含有非常多的国学内涵。我们都知道，作者梦入神机是一位象棋高手，我想，他在布局这部小说的框架时，心中应该也有一盘棋局。他通过文字排兵布阵，随着剧情的展开，各种隐藏的伏笔和杀机也逐步显露出来，读者作为这盘棋局的看客，在不经意间沉溺其中，直到读完整个故事，才如梦初醒。

在玄幻修仙盛行的时期，敢于选择写这样的小众题材，对一位正当红的作者而言，可以说是一个巨大的挑战。梦入神机面临的难点不仅是题材的不熟悉，还有市场上能否认可和接受他的这一次尝试——如果这部小说的成绩一落千丈，可能会对他整个创作生涯造成无法挽回的损失。但是梦入神机总是能给人以惊喜，他靠着一股韧劲，愣是开辟出了国术流这样一个流派。或者我们可以说，对这部小说的创作，梦入神机是蓄谋已久的，在全作结局后他写下的心声里，或多或少也透露了这样的想法。《龙蛇演义》在他的写作生涯中，虽然不是成绩数据最好的一部，但却是最让他满意的一部。如今我们回头来看，这部小说也的确是他的精品力作。

教练一直觉得，网络文学作品在文学性上较之传统文学作品多有不足的弊端是短时期内难以克服的，但对于一部小说而言，文笔的好坏不是关键，最为重要的是立意的高低。《龙蛇演义》的立意，无疑是被时代所需要的。通过这个故事，梦入神机表达了他对文化的传承、对民族精神继承的关注。我们在王超身上，看到的不只是一个角色本身，还有一个民族传承数千载的脊梁。

虽然在故事的最后，梦入神机克制住了继续创作的欲望，没有让王超迈出破碎虚空那一步，给了这个故事一个虽然有些遗憾，却更合乎情理的结局。王超是人，也是终将死亡的，身为武者，他求的不是虚无缥缈的永生，而是今生的无悔。虽然这样的故事少了很多发挥想象的空间，但也更有震撼力，我们不禁会想：同样为人，我们在人生的道路上，又该做何选择？

最后，从作品风格上来说，这部小说是很有趣的超高写实风格，顾名思义，就是让整个故事以严密的理论和严谨的剧情结构组成一个虽然明知是虚构，却读起来无比真实的小说。有很多读者朋友开玩笑说，看着小说里练功的描述，都想跟着练起来了。其实，能不能练成教练不好下定论，但如果你能够践行小说中的那一股正气，那至少你的为人处世是错不了的。

当然了，这部小说归根结底还是一部爽文，真要计较起来，小的瑕疵和漏洞还是不少的。梦入神机是一位不拘小节的作者，在遣词造句上，出现措辞不当的问题也不是一次两次了。除了文字上的问题，他对于感情戏的描写也总是显得干巴巴的，少了很多爱情应有的趣味。设想一下，两个陌生人从相识一步步走到相爱，这中间的心路历程和浪漫细节，如果梦入神机都能够表现出来，是不是会给这个热血的故事增添不少侠骨柔情的味道呢？

（4）

文学指数：8分

梦入神机的文字，可以说是少年老成的，他喜欢将积累的传统文化素材在小说中大量展现给读者，这个爱好让他的作品显得更加成熟。纵观梦入神机的所有作品，我认为他最擅长驾驭的就是中篇和中长篇小说，也就是在五百章到八百章的篇幅。一旦篇幅过长，他会驾驭不住故事整体的节奏，有些情节就太“水”了。像《龙蛇演义》这部小说的字数就很适合梦入神机发挥，所以剧情的设计是合理的，人物的成长虽然显得快了点，但考虑到整个故事的节奏，确实很难拿出太多笔墨来交代主人公的成长，这一点我认为不是不足，相反，它让故事读起来更为顺畅了。此外，《龙蛇演义》的故事也不是俗套的“学院+副本”的结构，事件和任务的重复性不强，整个故事看上去没有那么拖沓。

但是从文学性上讲，这小说的不足也是很明显的。最关键的一点，从女生的角度来看，这部小说太“直男”了！一切都是从男性角度解读和出发，故事中热血阳刚的部分太多，浪漫有趣的情节明显不够，对于一部位于头部的网文而言，这个问题是不可忽视的。另外，故事的后半段进程有些过快，和前半部分比，能很容易感受出作者随时可能收不住笔，在驾驭剧情的能力上还是有一点欠缺的。

脑洞指数：9分

其实这一项，教练原本想给9.5分的，但是毕竟《龙蛇演义》的创新只是在都市文的基础上做了细化的革新，而不是开辟新天地级别的突破，所以只能给到9分。当然了，这并不影响这部小说的精彩程度，以及刚刚上线时带给网文世界的震撼程度。如果有没了解过国术流，或者看过一些别的作品，觉得不过瘾的朋友，那《龙蛇演义》一定是你不能错过的经典之作。这部小说是最担得起“国术流”这三个字的。

在对题材的突破方面，梦入神机一直有自己的特长。在选文立意上，他和其他作者相比更是棋高一着，一个国术武技类的小说，硬是让他写出了家国情怀，写出了民族传承，把这部小说拔高了不止一个档次。能把爽文写到这个地步，也只有梦入神机的脑洞才能开得这么大了！

IP 化指数：7.5分

其实，《龙蛇演义》在开发方向上的尝试还是做了很多的，只是开发的结果都不算成功。诚然，这类题材确实存在着很多改编上的难点，但也只能说是难度比较大而已，这个 IP 的开发始终不温不火，原因其实还是人的问题。

（5）

要说《龙蛇演义》IP 开发最大的问题，就是俩字——“跳票”！目前为止，几个在进行中的项目都推迟了档期。

最初传出影视化消息的，是2015年猫片传媒和金色池塘准备联合出品的网剧。但后来这个项目根本就没任何进展，于是又改计划说2017年开始拍摄，出品方更换为芒果 TV、猫片传媒、金色传媒，其中金色传媒是《将夜》网剧的出品单位，猫片也是早就进入网文 IP 改编市场的老牌公司，按理说这样的组合不应该一直推迟进度，可是后来，关于这个项目的信息就几乎没有了，这让人不禁猜测，这个项目是遇到了什么问题，还是干脆就无疾而终了？

教练认为，要么是剧本的修改始终得不到所有出品单位的认可，内容回归的生态环境也让几个出品方不敢贸然开机，要么就是题材的送审结果并不理想。因为我们知道，《龙蛇演义》是都市题材，里面的情节很容易被有心人对号入座，甚至放大解读，所以想要保证故事的尽量完整和过审的顺利，不是一件容易的事。最坏的可能，就是出品单位出了什么问题，或是有其他更值得他们优先启动的项目，这样的话，《龙蛇演义》的影视化就真是不知道什么时候才能实现了。

在这段时间里，也有过《龙蛇演义》要被搬上大荧幕的消息，但这个项目也是个空壳，根本就没什么实质的进展，只是在合一影业的一场活动上发布过消息，最后也因公司的变动而不了了之。

其他方面，《龙蛇演义》的漫画断更了，游戏也都是一些滥竽充数的坑钱页游，这是 IP 游戏化的通病，就没什么好说的了。

我们不禁叹息，《龙蛇演义》这么好的 IP 因为遇人不淑，到现在愣是连一个像样点的 IP 开发项目都找不出来，真是急得教练恨不得自己买下开发权利，找上信得过的伙伴一起来打造。

（6）

这个话题要是展开来说，那这一节就没法收笔了。我们还是把话头收回来，给大家写一下本节荐小说的环节吧！这里教练想给大家推荐的，是一部古老国术遇上科幻的小说，由高楼大厦所写的《寂灭天骄》，不怕热血正面刚，就怕大力出奇迹。喜欢以武术为核心题材的朋友可以看看。

第十二章　一梦乾坤几时逢：《牧神记》

（1）

本节我们要说的这部小说——《牧神记》，可以说是2018年度的大热门之一，作者的脑洞也堪称清奇，硬是把一部东方玄幻小说写出了科幻的味道。故事最大的亮点之一，就是不断重叠的时空穿越和时空虫洞留下的回溯幻想，到底是幻想的重演，还是时间真的回溯？是曾经记忆的复苏，还是意识穿越引发的时空蝴蝶效应？听上去是不是颇有些《星际穿越》加《盗梦空间》的感觉？作者在小说中的架构野心甚大，坑也挖了不少，教练希望最后他能圆满填完所有的坑，让整个故事的逻辑合乎情理，千万千万不要崩坏！

除了设定上的亮点，这部小说的体系设计也是非常的棒。故事的开篇就悬念重重：在神秘莫测的残老村，所有人都有着不俗的背景和辉煌的过往，然而大家最后却困在这样的一个村落里，共同看护一个孩子长大，这让看似诡异的一切设定似乎还挺合情合理的，看上去颇有一丝《绝代双骄》恶人谷的味道。而这位被一群神秘老人养大的孩子也确实如同“江小鱼”一般搅乱了整个世界，这就是《牧神记》的主角——秦牧。虽然是老套的铺垫，但作为开篇，想象力也是很丰富的，正如教练本节的书评一般，精彩的部分即将开始！

（2）

《牧神记》从2017年起开始连载，上线之后在网文圈也是掀起了一阵波澜的，喜欢它的人大呼过瘾，无感的人也始终读不下去。诚然，这部小说虽然是爽文，但却是一部复杂的爽文，在脑洞、文风、故事性上要比一般的爽文读起来费力一些。但这也是它的优势，就像酱牛肉一样，越嚼越有滋味，回味无穷。读者们对这部小说的评价，也大多很有见地，非常精彩。

书评人鹿鸣这样评价《牧神记》:“无双霸体放牧诸神，延康变法宏图大展。秦牧，起于大墟，成名延康，投身于变法的洪流中，影响着人神魔怪大千世界。无论走到哪里，从作者笔下，都可以看到秦牧带着一份独属于霸体的淡定从容。为何变法，为了更加富强繁荣，为了摆脱神魔奴役，更是为了自由。这部小说的作者宅猪自己说是为了向改革开放致敬，先辈们筚路蓝缕为我们开路，当然值得我们缅怀。

“延康国没有变法前和新中国成立前有很多的相似之处，延康国的百姓受到宗门的驱使收集矿材开垦田地，而新中国成立之前的地主阶级不也是同样的压榨农民吗？可以看出，作者是用了心思的，这里大赞。变政策容易，变思想困难。”

不光是中文圈的读者，国外的网友也有很多人不吝赞美之词：“这是一个令人毛骨悚然、悬疑，但又很有趣的故事。希望有更多的反派小说，而不是圣母小说。全暴力的小说都是在浪费时间。死侍也是个反英雄，但大家都喜欢他，所以我认为在某种程度上，即使是反派主角也是有自己的思想与底线的。”

可见，即使在中国文化不能被完全解读的外国读者圈里，这部小说的故事结构、人物刻画、剧情设计都堪称极品。那么这部小说到底有哪些绝妙之处？且听教练为你一一道来！

（3）

首先我们说这部小说的风格，确实是教练喜欢的，简单来说就是那种绕着弯子讲故事，烧脑悬疑还炫技的。当然光这些还不够，《牧神记》最优秀的，还是故事的核心。教练给这部小说的评价是："千载变法终有道，一梦乾坤几时逢。"

我身边喜欢这部小说的朋友经常问我，"教练啊，这本应该是爽文吧，可是怎么没感觉到明显的爽点呢？"其实我想说，看这部小说的感觉就和看宁浩导演的电影一样，很多内涵的点是埋在故事里的，初看可能没感到怎样，细细品味却不由得嘴角微扬，会心一笑。剧情确实没有太多的"扮猪吃老虎"和"逆袭吊打"等常规套路，但是主角带着读者去发现去观察整个世界的过程，以及小说中丰富多彩的英雄人物，读起来可比那些俗气的套路爽多了。

先来说说这部小说的立意。曾经临江仙采访过作者宅猪，就这部小说的一些话题和创作初衷做了交流。让我印象深刻的一点，是宅猪喜欢儒释道，尤其喜欢儒家，认为读书人本应是儒门子弟，这一点教练深以为然。宅猪在这部小说里，力求把人物刻画得尽可能细致，把故事写得舒服，所以我们看到的故事背后会承载有那么多的大道理。

在《牧神记》里，故事线索很多，但最关键的一条主线就是"延康变法"，这是整部小说里所有人物都不得不面对的运动，所有角色都必须选择立场并为之付出一切的战争，注定是整部作品最宏大的故事。何谓变法，是一场革命，一次改革，是人类社会的一次思想跃迁。法者，众人之思想；变者，与时而俱进也！

这个发心，在网络文学中可以说是异常宏大了。宅猪在写《牧神记》的时候，心里一定是怀着一份敬意的，他想要用这样一个故事，去致敬那些在中华文明历史中推动社会进步和思想变革的伟人。

其次，我要说说这个故事里的科幻要素。近几年可以称得上优秀的网文，在故事的理论基础上都是相当用心的，逻辑的严谨性也有很大提升，其中更是不乏大胆尝试与软科幻、硬科幻做结合者，这点是非常值得鼓励的。比如《牧神记》，虽然是一部彻头彻尾的东方玄幻小说，引导整个故事的价值观也是存在于东亚文化的话语体系之中的，但是细细品下来，你会发现故事的很多设定居然有量子力学的味道。

故事的前面部分，还是按照正常逻辑推进，到了三百二十多章的时候，秦牧第一次在涌江迷雾中进入时空冲动，接触到历史的回响，这时候给读者的感觉还有些像海市蜃楼，大家认为是由无忧剑这件关键参照物引发的时光投影。而当秦牧在四百八十多章第二次接触历史的回响时，已经从进入历史开始演变成“当自己成为历史”，在他的历史里做的一切，都能在故事里的其他地方得到印证。

特别值得一提的，是小说中关于“霸体”的传说。我们开始觉得这是个源于善意的谎言，似乎古往今来只有秦牧一个霸体，而历史中关于霸体的传说，也只是秦牧在历史中留下的痕迹。故事到这里，秦牧还怀疑自己是否只是历史推进中的一个特定角色，只能遵循历史的步伐。而到了七百三十多章，秦牧来到上古天庭时代，亲身见证了上古的秘密，并且参与了教化天下，被奉为牧天尊后，我们才发现，这一切其实并不只是历史的回响。正是因为秦牧的影响，才有了凌天尊对时空书法的不断研究，才留下了时空迷雾，造成了我们看到的一切意外。到这里，读者会吁一口气，仿佛故事所有关于时空迷雾的谜题都得到了解答。但是，如果我们反过来推理下这个故事，就会发现它其实还存在另一种解读的方式，即：牧天尊知道在那个时候拯救不了世界，而如果不做点什么，世界终究会灭亡，于是他和开皇两个人分别穿越时空到未来不同的节点上，寻找拯救世界的可能，开皇失败了，而秦牧这边依旧还在努力，如果这样去想，故事的进展就和主流的想法大不相同了。

如果我们用量子力学的理论来讨论这部小说的话，还会发现很多有趣的地方。首先，在量子理论中是没有时空永恒概念的，那么这时空迷雾就应该是所谓的虫洞。秦牧进入的，其实是一个量子空间，就和漫威电影里蚁人穿越到量子空间一样，那里有和现在这个世界几乎一样的一切，只是时间可能不处在同一个维度上，或许快一秒，或许快一万年，于是就有了无数的可能性。主人公秦牧通过量子纠缠在不同的时空穿越，间接改变了历史的进程。这样来看，时空穿越并不是简单的随意捏造，也并没有让整个故事因为几次时空穿越而崩坏。教练觉得，无论这是否是宅猪有意为之的设定，都是非常有趣和有价值的地方！

最后一点吸引我的，就是小说里透漏出的浓浓的武侠风味。比如说故事开始和恶人谷很相似的设计，故事推进中延康朝廷、小玉京等等很多设定和人物特征，都有武侠时代描述人物的风格。在叙事的手法上，宅猪也没有因为是玄幻故事而不着边际，被天马行空的想象带偏，笔墨更多还是在故事、人物、场景三要素上做文章，作者的功力可见一斑！

（4）

文学指数：9分

对于宅猪的文笔，我一直是很认可的。从《重生西游》开始，《帝尊》《人道至尊》，文笔基础都很好。而且，宅猪的进步是肉眼可见的，到了《牧神记》，他几乎已经形成了自己的风格，落笔行文间颇有大家之风。

小说的整个故事也采用了多线头的叙事体系，通过几条关键线索带动整个故事，看似复杂，读起来却主次分明，不显得混乱。故事没有去刻意煽情，但在大是大非面前的描写，总能让读者不禁热血澎湃。

故事在段落结构上设计得也很合理。小的支线剧情或是为了交代角色，或是为了给后面埋伏笔，没什么故意注水的剧情。

人物的刻画更是一大亮点。宅猪说，他创作时会把自己投射到每个角色身上，去想象这个人物该有的行为举止和心理动态。想象一下，这样的创作过程其实对作者的压力是很大的，如果过于投入，出现短暂的人格分裂也不是不可能。

整个故事看下来，美中不足的是部分情节因为过于成熟、严谨和规矩而显得沉闷。教练一直觉得写作作为一门艺术，有时还是不要过于规矩的好，要有留白的部分。成熟的剧情之下，偶尔也可以少年热血一些，轻松诙谐会让整个故事多一些变化和意想不到的余地。

脑洞指数：9.5分

不说别的，就冲宅猪的写作初心，这一项就必须给9分以上。如果说对于一个时代而言，没有什么比思想进步更重要，那么对于一部小说而言，应当说没有什么比致敬时代变革更为正统的了。

在每个人的心里都有对上进的渴求，国家和民族也是如此，《牧神记》所讲述的，就是这样一个上进的故事。再结合前面教练提到的科幻内涵和武侠风韵，这部小说的脑洞几乎满分，之所以留下了0.5分，是因为故事在结尾时过于仓促，让人稍微遗憾。

IP 化指数：8分

这部作品虽然已经完结，但关于这部作品的 IP 化开发还未有大体量项目启动，一方面是故事本身的世界观设定过于宏大，在改编上可能存在一定的难度，另一方面这类型 IP 如果单纯是从影视角度进行开发可能有些局限性，应该有更多元的开发潜力。

（5）

我们知道，《牧神记》是起点中文网的重点签约项目，作者宅猪更是白金“大神”，所以这个基础不用说几乎满分。而且《牧神记》这部小说的成绩，在起点上也一直高居榜首，更是获得了第三届中国原创文学风云榜“年度改编潜力 IP”。我认为，这个奖项不仅仅是市场对这个作品 IP 价值的认可，更是起点为这部作品后续开发所预设的一个铺垫。而且，作品本身的立意足够正确，主打的传统文化标签也是当下国家政策重点扶持和推动的题材。

所以在这里教练建议，无论是动漫画还是影视剧的改编，应该着重把小说里关于传统文化的精髓提炼出来。对那些中华文化的博大精深和传统美学的造物工艺做重点突出，一方面紧扣主题，迎合形势，另一方面也利于衍生品的开发。有心的话，甚至还可以预先和某些非物质文化遗产传承人的手艺做结合，与博物馆IP做联名，提前进行开发预设，在内容中突出宣传，后续随着作品上线跟随热度推出不同的产品，联合跨界合作的资源进行线上线下的营销推广。这样的打法既有利于让IP既有庞大的线上流量，又能聚集线下的强关系“死忠粉”。

教练的这些想法，对于阅文集团的IP全链服务而言，肯定都不是什么难事，只是希望开发组不要过于急躁，也别陷于某些资本泡沫里，让内容回归本真，让创作回归初心！

（6）

本节教练想给大家推荐的小说，是一部将会出现在我们后续节目的好作品。这部小说的作者教练也非常喜欢。故事讲述了一段莫名开启的修仙之旅，传统的故事结构、扎实的大家风范，这部小说就是跃千愁的《飞天》。感兴趣的朋友可以看看哟，要耐些心，这部小说属于慢热型。

第十三章　科武在身末世行：《全球高武》

（1）

本节我们说的这部小说——《全球高武》，是这两年网络上最热门的小说，在各个榜单的数据都是位列前三甲。作为一部成绩斐然的热门小说，也确实有很多值得肯定的优点。

故事的开始平缓进入，开篇用了尽可能少的文字交代故事的框架。这是个“重生＋穿越”的故事，重生是因为时光倒退回高考前的时间点，穿越是因为这个世界看似和主角曾经生活过的世界一样，但其实整个世界的内核已经发生了翻天覆地的变化。这样的设定初看简单容易理解，很快速地就能带读者进入主线故事，细想下又留有很多悬念：为什么世界是类似平行宇宙的空间？为什么主角的重生节点是在高考前夕？为什么不是一个完全不同的异世界？虽然目前剧情并没有给出可供我们展开联想的条件，但却给作者留下了在故事后期围绕这两个世界的关联性大胆发挥的创作空间。如果老鹰吃小鸡真的有准备这样的伏笔，我想一定会是个非常有趣的故事。

我们继续说回小说的剧情设计。作者在提供了爽点的同时，兼顾了中前期的平衡性。主角自带的金手指固然变态，但在初期能给予的帮助尚属有限，这让故事的前期部分没有因实力的迅速提升而在设定上显得崩坏，反倒是因为“外挂”对财富值的要求，让主角在前期有很多事情可以完成，不会让这段剧情显得太过鸡肋。至于整体节奏的把控，小说直到中期都还是不错的，但是故事确实在主角进入七品之后开始有些失控，因为主角的成长已经快要超出目前地图副本能够承载的上限，所以故事想要在情节上制造惊喜的难度越来越大了！

不过总的来说，这部小说的先天设定是可圈可点的，尤其叙事功底堪称一绝，人物的设定也有几位很出彩。除去这些，教练最佩服的还是作者对于不同类型题材的兼容并包和大胆尝试！

（2）

《全球高武》可谓是近两年炙手可热的大作，围绕本作的各种探讨也非常热烈。有关于情节的，有关于人物的，也有关于大结局猜想的。不过教练最喜欢看的，还是有深度、言之有物的书评。

有读者在读过《全球高武》后，给出了细致的分析：第一，内容方面。从高考的特殊的时期开始进入故事很符合受众的属性，容易引起共鸣。第二，人物方面。每个角色都有自己的特征，而且都正向且阳光。第三，小说环境。新的世界的背景和地球基本一致，不用交代其他设定，只要说明新的世界的法则是以武为尊，而主人公还多了个“系统”金手指。第四，小说代入感。小说的文字朴实，叙事风格诙谐幽默，人物也都刻画得像身边的亲朋好友一样，所以虽然是小说，却很容易拉用户进入异常真实的故事中。第五，小说文笔。小说的文笔可以说是非常成熟，用词恰当，行文流畅。

在龙空上，关于这部小说的评价更是众说纷纭，有大爱的，也有吐槽的。教练挑了位读者的评价给大家分享。他是这么说的：“开篇几章确实略显平淡，但正是这种平淡拉低了读者的预期，后面稍微一爽就让人觉得非常爽，后面一暴爽就让人觉得爽翻天。换种方式说，就是作者给读者期待是10，但爆发时，达到80、90，爽感强烈，读《大王饶命》也有这种感觉。

“另外，文章让人感觉很真实，虽然是高武背景，但一点也没读玄幻仙侠那种异界感，文中各方面细节，从生活费，到班上大家比血气卡值（比成绩），到后面武考，感觉跟我们经历的高中生活，高考一样。”

当然了，不喜欢这部小说的朋友也很多，认为剧情架设不合理，硬是弄出个镜像一般的世界，违和感太强，看得迷之尴尬；关于实力的设定基本是全程崩坏的。每位朋友都有自己心里喜欢的故事和风格，所以观点不一致也很正常。教练作为这个行业的从业者，更愿意做的，是在看到不足的同时，发掘故事的清奇之处，相信每一部能够被大家喜欢的作品都是有实力的，总会有地方藏着惊喜留给读者。

（3）

对于这部小说的评价，教练其实也是喜忧参半。整本小说成绩非常好，然而很多读者也感觉到故事中间的几次情节转折让人始料未及，主人公的成长、世界观的铺陈在中后段略显仓促，尤其是纷杂的内容融合在一起，虽然很有新鲜感，却给读者造成一些阅读上的麻烦。然而这部小说的故事内核还是很精彩的，教练送上这两句话给它：“科武在身末世行，最难忘却是真情。”

整体来说，这是一部成功的网络流行文学读物，具备爽文的特质，同时也有自己独特的设定魅力。在很多朋友看来，这部小说总感觉有点说不出来的怪异，其实教练最初读的时候也有这种感觉。后来我细看了这个故事的结构和叙事的风格，觉得恰恰是这种与传统认知的违和给了整部小说最大的新鲜感。

因为啊，如果非要给《全球高武》定个类别，其实应该是玄幻武斗类型的，但是读下来，和此类型一般的故事都不一样。首先，这部小说虽然是玄幻设定，但其实整个故事前半段的修炼体系算是严谨的，没有动辄就到很夸张的境界，也没有动不动就修炼成仙的玄幻转修仙套路。功法、境界、修炼、等级，都尚属武功层面能理解的范畴。而且有“系统”这个金手指在，整个故事不免透露出一股科幻的味道，因为一切玄幻的修炼都可以用数字量化，最终通过财富值这项可视化的标准，转化成各种不同属性的强化。所以虽然都是熟悉的套路，但《全球高武》就是能给很多读者耳目一新的感觉，因为看似熟悉的套路，在他这儿糅合到一起，就有了完全不同的感受。

再者，这部小说的悬念颇多。作者是个很会讲故事的人，在故事逐渐铺开、世界的秘密一点一点被发现的过程中，不断加入新的悬疑点，让读者不断去延展自己的想象，再不断发现更大的惊喜。

故事一开始就将目光放到了一个和地球非常相似的世界，这其中到底有什么秘密？只是作者偷懒为了省去交代世界设定的笔墨，还是另有计划？地窟里的世界，俨然就是在其他小说里标准的异世界，有类人种族、有妖族、有异兽，这样的一个世界又是从哪里来的？里面的生物又将怎样向我们所处的人类世界进攻？这场维持数百年的战争，到底是为了生存还是侵略？地窟和我们，到底谁是原住民，谁是外来者？这些谜题都会在故事剧情的展开中给大家做出解答，既然设问如此丰富，那么关于故事未来走向的可能性也就有了很大的空间。

即使如此作者还不满意，抛出了更大的悬念。在原文第402章里，主角方平淬炼头骨时产生了不灭物质，脑后金光一片，仿佛化身佛陀。然后方平开始怀疑千里眼、顺风耳、火眼金睛的真实性，联想到广胜寺的人发现地窟，再结合华国历史上最后一个神仙陈抟老祖，这是宋朝公元900年的事情，而同期也发生了地窟大战，神陆消失。这个时候，故事借助主角的猜想，给了读者一个更可能接近真相，却悬念更大的故事走向。第511章的天庭天宫和第658章的入天宫，两段支线剧情交代的故事不禁让我们震惊，如果这些设定真的如我们所想，那么地窟背后到底隐藏着什么样的秘密？这些神话人物和故事如果是真的，那么和我们所熟悉的地球之间是否存在着联系？

而地窟的来源，是否也在这中间可以找到答案？这样的剧情设计可以说是非常适合网文了，它步步留悬念，一环套一环，会让读者带着好奇和猜测，跟随作者更新的步伐一直走下去。

《全球高武》还有一个优点，就是这部小说的情感铺陈非常巧妙。其实，整部小说大的背景、氛围是压抑的，在一个生存压力越来越大，身为武者随时准备为人类牺牲的时代，要面对不知道什么时候才能停止的入侵和仿佛永远也看不到尽头的战争，在身边任何一个亲朋好友都可能在地窟一去不返的时候，这样的故事自然是沉重的。但是，整个故事却没有让我们感到这份暗黑系的气息，反而是轻松的、诙谐的，这就是作者在写作技巧上能力的体现。

（4）

文学指数：8.5分

和优秀的剧情相比，《全球高武》的文笔其实并不是最重要的。这部小说可以说将所有的功力都放在了剧情的行云流水上，它的故事流畅，人物性格突出，每段支线剧情的节奏安排合理，整个故事连贯且精彩，唯一美中不足的，就是在矛盾的冲突和情感的宣泄上，稍微逊色了一些，所以给8.5分。

脑洞指数：9分

故事在平行世界里导入了科幻、武术、异世界、神话传说等元素，并且将这些在一条线索下合理地串联起来。这本身就需要一个超级有想象力的大脑才能驾驭，同时还需要很强的架构设计能力，才能让整个故事不会崩坏。

IP化指数：8分

教练觉得是一部很值得改编的IP，尤其在中国科幻方兴未艾之际，这样带着“科幻+神话”题材的内容有很大的操作空间。

目前还没有传出关于这部小说的什么开发计划，不过我们可以大胆猜测下，小说在起点的成绩如此之好，我想阅文肯定会重点考虑它的 IP 开发。当然，我觉得阅文会主要布局动漫画和电视剧，而且是动画、漫画先行，毕竟电视剧在剧本改编环节是个很大的难点。

关于这部小说的游戏向开发，教练我是不太看好的。鉴于这部小说的故事模型，开发出来的游戏也会是传统套路，或许不会有什么惊喜。

电影部分呢，我认为应该放在其他方向开发成功后，再做考虑。

所以我个人最期待的，是《全球高武》在动漫领域的爆发，我想这个题材如果用动漫演绎，会是很精彩的一部科幻题材的热血漫，甚至能拍出 EVA 的味道。

（5）

好了，又到了给大家推荐小说的时候。这一节我们聊了《全球高武》，教练突然间想起了一部非常喜欢的“科幻 + 异世界”的小说，推给大家，来自“大神”猫腻的《间客》，讲的是主人公许乐从默默无闻一步一步走进大世界中心的精彩故事。

第十四章　五行八卦成佳话：《鬼吹灯》

（1）

本节我们要说的这部小说——《鬼吹灯》，也是近几年大热的 IP 之一，它和另外一部盗墓类题材的网文《盗墓笔记》，一度共同掀起了一波盗墓风潮。本节我们从文学和 IP 开发角度，来剖析一下这部作品的与众不同。这个故事到底藏着怎样的魔力，能够吸引来那么多读者的追捧？

其实，《鬼吹灯》的故事在网文江湖中算得上是一个另类。首先，它的题材是前无古人的，其次整体的行文风格更像是传统文学。因为作者天下霸唱曾经做过编辑工作，所以讲故事的技巧非常高明。就文学作品本身而言，连载时并不能说是大火，反倒是后来的 IP 开发内容引爆市场，带动很多用户反过来再重读《鬼吹灯》，小说的故事相比于影视剧的改编，别有一番风味。

《鬼吹灯》这部小说，除了在文学性上体现了巨大的价值，其故事的结构设定，在 IP 开发上可以说是先天布局就非常完美。小说中在主线串联下的系列故事有关联性又各自独立，这让剧情非常饱满的同时，在改编上又不会因为篇幅缘故而让整个故事过于冗长。可以说《鬼吹灯》的火爆，从 IP 开发的角度上来看是一种必然。

（2）

细算下来，《鬼吹灯》从上架到今天也有十多年的时间了，但是在很多人的脑海里，这部小说好像还在连载一样。这是因为《鬼吹灯》及其衍生作品一直活跃在我们的身边，也是它魅力的最大体现。

对于《鬼吹灯》的评价，也是颇多争议。有一位《鬼吹灯》的粉丝在网上写道："《鬼吹灯》开创了中国原创小说市场的新类别——盗墓。没有《鬼吹灯》就没有《盗墓笔记》，《鬼吹灯》可以说是中国真正意义上第一部悬疑类冒险小说。曾几何时，学校里、公车上每个人都捧着《鬼吹灯》的记忆还历历在目，而十年之后，一部接一部的《鬼吹灯》大电影仍在继续。毫无疑问的是，'鬼吹灯'三个字承载了太多的故事与想象。"

另有读者这样评价："《鬼吹灯》里的故事情节曲折，奇异诡谲，往往出人意料之外。最后说说里边的人物。主要人物是胡八一（文中的'我'），王凯旋（胖子）和 Shirley 杨。感觉胡八一有点像孙悟空的性格，遇事不乱，头脑清醒，而且有责任心，在遇到险情的时候能够迅速地考虑对策，组织大家应对，并带领大家脱离险情。而且他的经验比较丰富，很多时候判断都是对的。而胖子有点像猪八戒的性格，是一个很忠诚的朋友，愿意为朋友出生入死，很讲义气，他和胡八一在一起，有时候会搞搞笑。当然 Shirley 杨不是唐僧了，Shirley 杨是一个很强势的女性，而且思路清晰，头脑冷静，知识比胡八一更加丰富，而且分析问题能力很强，有点像《卫斯理》里边的白素。"

也有并不太感冒的读者评价道："感觉《鬼吹灯》还是要差《盗墓笔记》一个档次。可能从盗墓理论知识方面看，《鬼吹灯》确实更专业，更符合事实，但从讲故事角度看，《盗墓笔记》要强出太多，各种矛盾、冲突、扣子，一个接一个，让人放不下书。而《鬼吹灯》看第一部精绝古城还可以，后面几部基本都是一个套路。《鬼吹灯》有个问题，就是太想把各种不可思议解释清楚，没有怪力乱神，都是自然现象，放不开手脚不说，有时候还会弄巧成拙，反而让人觉得不可信。而《盗墓笔记》就聪明的多，前面我只管拴扣子，越玄乎越好，到后面能解释就解释，解释不了就用另一个扣子转移注意力，牺牲点可信度，但确实很吸引读者。《盗墓笔记》写到最后确实是不了了之，很多扣子也没解释清楚，但南派三叔还留着写续集的悬念呢，继续拴着读者。”

当然了，不同的书友都有各自独特的欣赏角度，在这里教练不愿意用《鬼吹灯》去和别的作者的作品作比较，如果要比，也是和天下霸唱自己的其他作品作比较，来看看《鬼吹灯》到底是不是作者最具代表性的作品才合适。

《鬼吹灯》作为盗墓流派的开山之作，到底是怎样的一部小说？这里且听教练细细说来。

（3）

这档节目做到这一期，我们已经一起品读了不少网络文学作品中的佳作，并从 IP 开发的角度剖析了它们各自的价值。那么在这儿呢，教练有一点要说明一下，就是关于这些作品的评价，每个人心里都有自己的答案，教练也是从自己的专业角度给予对当期作品不太熟悉的读者们真诚的引导和启发，只是希望能给每位喜爱作品的读者一些故事背后的精彩故事。

对于《鬼吹灯》，教练的讲解可以说是酝酿了很久。我愿意用这句话来总结它：“奇门遁甲非仙侠，五行八卦成佳话。”

首先，我们来看看《鬼吹灯》的故事结构。作者天下霸唱是 IP 布局的高手，从精绝古城到巫峡棺山，八个故事在一个大的世界观体系下各自独立。这样的叙写方式在网文中并不常见，因为以往大家喜欢在一个世界观内让故事不断发展，连贯且紧凑，因为这样更容易吸引读者一路追随。但《鬼吹灯》的结构设定让原本的长篇小说分解为八个中短篇小说，给不同阅读习惯的读者以很大的方便，尤其是前面四个故事一气呵成，让人看得欲罢不能。

在《鬼吹灯》中，人物塑造的时代感非常强烈。不知道大家在读的时候有没有这样的感觉，就是小说中人物的行为举止、说话方式，都很容易就让读者想到他们所属的年代，读者也自然而然地被带入其中。

例如,《龙岭迷窟》第一章里大金牙和胖子的对话——大金牙说："今儿个是星期一，星期一买卖稀，我看咱们仨也别跟这耗着了，好久没吃涮羊肉了，怎么着我说二位，咱收拾收拾奔东四吧。"胖子说："伟大的头脑总是不谋而合，我这两天正好也馋这个，您说怎么就吃不腻呢？"两句简单的对白，却在细节中反映出很多人物细节。

大金牙的俚语应用是明显老北京人的说话语气，胖子的话语也透漏出一副贫嘴、好吃的人物性格。整部小说看下来，虽然貌似对人物没有什么直接的细节刻画，却将人物的神韵藏于行为、对话之中，这种叙写手段更接近于编剧对影视剧本的要求。所以我们看《鬼吹灯》小说时，画面感是很强烈的，不同角色的形象仿佛也扑面而来。

这是一种非常老道的写作手法，虽然当时有部分网友觉得不适应，吐槽说《鬼吹灯》里的人物不够丰满。我想那是因为《鬼吹灯》并不是单纯的网文写法，没有把主角当作偶像去打造，而是为了让整个故事更真实，人物服从于时代和故事背景，虽然感觉人物没有被放大的气场，却让故事浑然天成。

《鬼吹灯》超写实的写作手法，也是让人身临其境的重要一点。很多身边的朋友和我说，看《鬼吹灯》会有惊悚的感觉，有时甚至不敢一个人在深夜看。教练当时看这部小说时还是敢一个人读的，但要是一个人听《鬼吹灯》的有声小说，确实心里会有些怕怕的感觉。之所以我们会有这种感受，和作者在写作中运用的技巧有很大的关系。这部小说不去刻意打造太过突出的故事曲线，而让整个故事如回忆录一般娓娓道来，恰恰是这种平淡无奇创造了《鬼吹灯》最大的魅力。在这部小说中，你仿佛是在看一部航海日记，里面所有的记载尽管荒诞离奇，却让人主观上愿意去相信。在《鬼吹灯》里我们发现，很多时候作者不会从写小说的角度去渲染气氛和描写环境，而是从故事里人物的交谈和他们的视角去感受这一切，这种极强的代入感给了读者超现实的感受。

《鬼吹灯》的成功还源于扎实的理论知识。“盗墓 + 古董”这两个领域的知识都是小众且冷门的，难得的是作者却能信手拈来。天下霸唱在写到盗墓的门派和手法时，就好像真的曾经参与过此类工作一样，熟门熟路；他对于古董的描述和行内的一些伎俩也是了解颇多，这就让故事在虚虚实实中变得更为真实。

（4）

文学指数：8.5分

《鬼吹灯》无论从哪个方面看，都是一部非常成熟且成功的作品。写作风格不算惊艳，但却足够老道，一看就是出自成熟作家之手。行文风格中正平和，虽无神来之笔，奇幻瑰丽，故事却稳扎稳打，字字精炼。教练在看这部小说的时候，记忆总被拉回到以前看《故事会》时里面的很多故事，有种被尘土掩埋过的年代感，但这并不影响故事贴近现实。

脑洞指数：8分

小说中故事的想象力其实是很丰富的，从每个故事背后世界观的构建能看出，作者想要传达给我们的是一个通过盗墓去追溯历史真相，揭开历史面纱的过程。在这个过程中的一切，都给了我们惊喜和震撼。其实在这个指数上，本来至少评分能在9分以上，只给8分是因为教练在《鬼吹灯》这个故事里感受到的仿佛不是想象而是经验。既然作者压低了奇幻的效果，加强了写实的感受，那我们在打分上也还是要尊重作者的意图。所以最终给了8分。

IP 化指数：9.5分

在 IP 化这件事情上，我认为《鬼吹灯》是迄今为止教练分享给大家的作品中做得最好的。不管是开发的广度还是深度,《鬼吹灯》都做到了它的极致，并且做得很好!

（5）

《鬼吹灯》自上线以来就备受业内关注。可以说,《鬼吹灯》恰逢其时地出现在影视行业发展最迅速的时期。伴随着影视高速发展的红利,《鬼吹灯》代表着网文 IP 改编的最大期待应时而生。

2014年8月，一部改编自《鬼吹灯》的电影开机，2015年12月18日，这部电影上映了——没错，这就是《鬼吹灯之寻龙诀》。同年上映的，还有一部冠以《鬼吹灯》名头的《九层妖塔》，不过后来我们知道其改编并未经版权方同意，而且改动太大，不尊重原著，这里我们暂且不表。

先说说《寻龙诀》吧！我记得电影一上映就引起了巨大的反响，口碑票房双丰收，更有观众说，果然是盗墓范儿，果然是摸金范儿!这才是真正的盗墓题材电影！一瞬间,《鬼吹灯》带动的“盗墓”效应成为一股风潮，席卷内地市场。最终电影也取得了很好的票房成绩。

我们对比下《寻龙诀》的成功和《九层妖塔》的失利，不难发现，两部作品在特效上都花了心思，但《寻龙诀》的故事结构更完整，神韵也有《鬼吹灯》原本的样子，演员的选择上也是可圈可点。仔细算下来，2015年年底也是内地观众整体影视剧欣赏水平开始明显提升的时期。

《寻龙诀》之后，出品方并没有着急继续拍《鬼吹灯》的后续系列电影，导演乌尔善也接了投资三十亿筹拍的《封神榜》，于是乎《寻龙诀》之后的故事仿佛近在眼前，却又遥遥无期。

电影开发的告一段落显然并不能满足观众对《鬼吹灯》的期待。于是乎,《鬼吹灯》的电视剧、网剧开始走入我们的视野。虽然说《鬼吹灯》的系列电视剧大部分都不尽理想，其中只有一部比较有味道，就是正午阳光拍的《鬼吹灯之精绝古城》。看过小说的朋友应该知道，

《精绝古城》是《鬼吹灯》的第一个故事，这个故事在《鬼吹灯》全系列中不能算最好，因为它太早了，所以多少有些瑕疵。然而，正午阳光依然凭借过硬的制作能力将这个故事演绎出了原汁原味，并且与腾讯玩出了“会员抢先看”“会员资格看”的新鲜玩法。可以说，这部 IP 改编地电视剧最大化地释放了 IP 内容的价值，也对得起粉丝的信任。

后来，各种《鬼吹灯》改编的网剧也纷纷上线，《黄皮子坟》《牧野诡事》《怒晴湘西》这三部是《鬼吹灯》第二部里的故事，主人公都不同，出品方也不一样。所以，演员阵容和主创也都各自独立。在这三部作品中，我们看到了不同出品方对《鬼吹灯》的理解，有的偏重青春热血，有的偏重悬疑惊悚。但无疑的一点是，《鬼吹灯》系列的影视作品虽有高下之分，却都有自己的可圈可点之处。

同一时期，《鬼吹灯》的漫画、手游也按部就班地上线，更开发了舞台剧等多种表演形式来丰富 IP 的衍生内容。由此可见，《鬼吹灯》IP 的开发是多家各领域的优秀公司通力的结果，他们共同打造出了如今我们看到的《鬼吹灯》大世界。

关于《鬼吹灯》接下来的开发形势，教练猜测应该会慢慢减少出品方，最后在不同领域内由一到两家制作方联合一家播出平台来共同孵化。通过这样刻意保证 IP 开发的可控和对全盘节奏的把握，能够让《鬼吹灯》这个头部 IP 越走越好，越走越远。

（6）

既然本节咱们说了这么多关于《鬼吹灯》和天下霸唱的故事，那么教练就给大家推荐天下霸唱的另一部作品《河神》吧！这部小说讲述的是近现代似真似假、奇幻悬疑的破案故事，网剧目前也都已经上线，并且制作非常精良。其实，天下霸唱曾经说过，他对《河神》的满意度还要超过《鬼吹灯》一点点呢。

第十五章　但愿此生乐逍遥：《雪中悍刀行》

（1）

本节我们说的这部小说——《雪中悍刀行》，是教练最期待分享给大家，也最担心讲不好的一部作品。说实话，我在起草这一期的文稿的时候，心情是十分激动的，因为这部小说在我心中的分量可以说是独一无二的。《雪中悍刀行》在江湖已经远去，侠情不知所踪的当下，简直像是黑夜里的一盏明灯，用它的特立独行，在无数读者心中留下了深刻的痕迹。

我觉得，烽火戏诸侯从他的第一部作品开始，就在筹划着自己心里的一个江湖。像他写的《极品公子》《陈二狗》《癞蛤蟆》，故事虽然都发生在现代，但每个角色的行事准则都带有江湖气息，心中自有侠气。于是，当我们读到《雪中悍刀行》时，一股沧桑磅礴的江湖之气扑面而来，也就顺理成章了。

“江湖是一张珠帘，大人物小人物是珠子，大故事小故事是串线。情义二字，则是那些珠子的精气神。”从小说的简介里我们就可以看出，这次烽火戏诸侯要讲述的，远不只是一个故事，更有故事里的人和人物背后的那些精神、那些坚守、那些值得用一切去捍卫的道义。

在网络文学发展迅猛的这几年里，《雪中悍刀行》仿佛正是为了揭开这盛世的大幕而生。从整个网文行业来看，这部小说的文笔和逻辑水平之高，象征着网络文学进入到了一个非常成熟且有品质的阶段。在《雪中悍刀行》的世界里，既有史诗级的宏大背景，又不乏细腻入微的儿女情长、独特性格的角色和涉猎广泛的世界观，构成了一个纵然遥远，却真实地存在于我们心中的快意江湖。

（2）

《雪中悍刀行》这样一部代入感强烈、情节跌宕起伏、行文简洁有力的好作品，自然也是不缺乏优质的书评的。依照惯例，教练从网上挑选了几条优质的书评和大家分享。

第一条来自百度贴吧，这条评论读起来很有《雪中悍刀行》的气质。他说："这一趟江湖，从清凉山万尾锦鲤，到武当山骑鹤南去，从大雪坪一声剑来，到两禅寺巧辩佛机，从倒骑毛驴点江山，到天门谪仙落长安，从一件破云千万里，到秀春冬雷十八停，从一身紫衣却让那世间男儿屈了膝到一句免礼便让那两万铁骑跪了地，一杆梅子酒杀了千万人，却宁死不向恩人举，一把南华刀斩得了天上雷，却斩不断世间情，来来来，一壶浊酒且酩酊，请君为我倾耳听，我曾怒骂走天涯，我曾东雷佘桃花，我曾拒北守国门，我曾雪中悍刀行，小二，上酒！"

还有一条，是先抑后扬的，说："我一开始并不看好这部小说，首先是因为烽火戏诸侯的小说经常断更，弄得我很没脾气。再者，这部小说前期写得很模糊，云里雾里，让我读起来很糊涂。但是，我忘记了自己是什么时候开始真正喜欢这部小说了，也可能是随着烽火戏诸侯后续小说内容的出现，我继续读下去，和前面的内容稍微一联系，竟是越来越感动。尤其是对小说中的人物，比如姜泥、李淳罡、温华和洪洗象等人，我甚至读着读着能够流泪，《雪中悍刀行》这部小说是让我真正感动的一部小说。我更是从来没有想到，原来网络小说还能写到这种地步。"

（3）

对于《雪中悍刀行》，教练也有很多很多的肺腑之言，不吐不快。对于这部小说，我的评语是：“身处江湖之远，心念庙堂之高，不求长生不老，但愿此生逍遥。”

俗话说：“文以载道，字藏风骨。”好的故事可以将人间大道蕴藏于文字之中，好的作者能够用笔墨文章刻画江湖风骨。《雪中悍刀行》就是这样的一部作品。

它的开篇并不惊艳，是从北凉王徐骁为自己的小儿子徐龙象举办拜师仪式切入故事的。在这里，几个重要角色第一次出现在我们面前：一位拿自己小儿子没办法的父亲，一位德高望重却慈祥可爱的道教老神仙，一个脾气倔强、天生神力的小小少年。作为一位资深的网文作者，烽火戏诸侯是非常有经验的，然而他却没有写一个能快速抓住读者的、充满伏笔的开篇，而是就这样将故事从一个最普通的画面平铺直叙开来。虽无剑走偏锋的眼前一亮，却中正平和，为整个故事的厚重和苍茫奠定了基础。

随着故事的推进，一副巨大的世界画卷呈现在了读者眼前，到这个时候，我们回过头再来看最初的几个人物，才知道原来在《雪中悍刀行》的世界里，那份寻常人家的烟火味道是多么的难得，又多么值得珍惜。剧情的线索一直在庙堂之上的家国情怀与江湖之远的儿女情长间穿梭，直到故事的最后，在国之将倾的时候，我们看到了拒北城下的中原宗师慷慨赴死，这些昔日被朝廷视为眼中钉的江湖人士，在最后为了心中的理想舍生取义。此时此刻，家国天下的归属不如黎民百姓的安危，江湖人士的侠义之气升华成天地之间的浩然正气。教练记得在读到这一段时是热泪盈眶的，我的脑海中浮现出了《神雕侠侣》末尾群雄云集襄阳城下，在大侠郭靖的带领下对抗蒙古大军的场景。

想来，江湖是离不开侠气的。何为侠？侠之大者，为国为民。

金庸先生用笔墨书写大侠真意，烽火戏诸侯则以雪中江湖致敬武侠，虽然时过境迁，但武侠的内核却是一致的。

除去江湖的快意恩仇不说，《雪中悍刀行》在政治斗争上的描写也是一样的出色。老北凉王徐骁为离阳王朝打下江山，而离阳皇帝一直将北凉当作肉中刺，欲除之而后快，矛盾更在老北凉王徐骁死后愈发地激化，说来也真是让人心寒。北凉王徐凤年举步维艰，辛苦地支撑起北凉三州的家业，期间又逢北莽大举入侵，有多少读者看小说时恨不得徐凤年反了离阳自立为王，既可与北莽相安无事，又可借北莽之手牵制离阳。但在最后，徐凤年的选择是带领三十万北凉铁骑背向离阳，面朝北莽，一步不退，为中原百姓、天下苍生换来难得的太平。徐凤年的选择或许不够快意，但是江湖总要先有规矩，才能逍遥。徐凤年作为北凉王，纵有太多无奈，仍能够坚守底线，这一点让这个人物得到了升华，也让我们看到的《雪中悍刀行》不至于成为一味为了畅快而肆无忌惮的爽文，而是有血有肉、有喜有悲的人间故事。

《雪中悍刀行》之所以能给我们这么多的感动，正是因为其藏风骨道义于侠情一念，融庙堂江湖于烟火人间。

除了出色的剧情，很多读者在提起这部小说时，最念念不忘的还是里面的人物。烽火戏诸侯在人物的刻画方面确实有两把刷子，他笔下的人物不光栩栩如生，更重要的是都带着一股劲儿——那是一种活得很尽兴的感觉。我们总能在他笔下的人物中找到自己，或是找到我们想活成的样子，我想这就是所谓的众生相吧。

说起烽火戏诸侯描写人物的感觉，教练又一次想起了《罗生门》这部小说。当一部作品里的每个角色都坚守着自己的道理、活出了自己的模样时，你很难用好坏善恶去区分里面的人——因为每个人的立场不同、身世不同，所以所行的路也不尽相同。《雪中悍刀行》里的人物都没有去选择对错，只是用力将道义刻在人生中罢了。

我们看到，穿羊皮裘儿的独臂剑客李淳罡，用情至深却为情所困，为人低调却心怀天下，他愿天下剑客人人可用两袖青蛇，愿后世剑客人人都可剑开天门，他那一句“天不生我李淳罡，剑道万古如长夜”，还有他那一声“剑来”……可以说，烽火戏诸侯用这一个人物就写尽了“笑傲”二字。从剑神李淳罡的身上，我们看到了真正的江湖豪侠，真正的潇洒从容，也看到了一代大侠的胸怀。

相比之下，另一个配角温华的江湖就小了很多。他是从市井里走出来的，和徐凤年相识于微末，也不计较彼此身份的悬殊，位卑时没有自惭形秽，被黄三甲收为弟子后也未忘与徐凤年的情谊。故事最后他废去武功，再加一手一脚还给了黄三甲，可以说是有始有终。在这个角色身上，我们虽然没读到气势磅礴的剧情，但他那份对自己的决绝和对兄弟的信义，简直是“仗义每多屠狗辈”最好的写照。后来，尽管淡出了主线，在故事里也还一直夹杂着温华的描写，小说的结局也是以徐凤年来到温华的小店的一句“小二，上酒”作为结尾的——不光是作者忘不掉这个看似渺小的角色，我们也忘不了这个身处市井，却纯真如一的温不二！

当然，除了这两位，《雪中悍刀行》里面还有太多的角色是我们所无法忘怀的：“风紧，不扯呼”的剑九黄、一人压倒一座江湖的洛阳、艳绝天下的姜泥、让世子扶墙的裴南苇、知恩图报陈芝报、为情兵解洪洗象、忠义无双褚禄山、人猫韩生宣、由儒转霸曹长卿、武帝城王仙芝、桃花剑仙邓太阿等。我想，每位读完通篇的朋友，在脑海里都会有这些角色的形象和神韵，教练认为，这也是《雪中悍刀行》让人痴迷的一个重要因素。

说到这儿，大家应该已经可以想见了，教练会给这部小说打一个非常高的分数。

（4）

文学指数：9.5分

《雪中悍刀行》作为本时代网文中里程碑式的一部作品，它的文学性当得起“冠绝江湖”这个称号。你很难在其他作品中找到和《血中悍刀行》一样感觉的文字，哪怕是烽火戏诸侯的新作《剑来》。虽然还是烽火的一贯风格，但是和《雪中悍刀行》相比，读起来感觉还是少了点什么，尤其是那份苍茫而厚重的世界观带来的体验感，可以说只有《雪中悍刀行》才能做到。

当然了，在这部小说的结尾部分，烽火戏诸侯还是露出了他的“太监”本色，好在这一次他很努力地给了我们一个相对完整的结尾。遗憾的是，小说前期的伏笔和铺垫太多了，导致后面收尾的时候反复填坑，有些坑没填完，有些坑则填得稍显仓促，所以扣了0.5分。

脑洞指数：9.5分

在这一个维度上，估计有的朋友不太能接受这个分数——按说《雪中悍刀行》也没什么开创和颠覆的地方，为什么教练要给它这么高的评分？

其实，《雪中悍刀行》的世界观是非常庞大的，只不过是烽火戏诸侯不喜欢也不擅长篇幅太大的内容，所以故事在九百多章的时候就收尾了。可是，这并不等于说故事的结构也就仅限于此。

《雪中悍刀行》无论从空间还是时间上来看，都是一个庞大的世界体系。抛去诸多边塞之地不说，单是离阳、北凉、北莽这三地，就有很大的空间用来叙述故事，如果《雪中悍刀行》的世界真的铺开，这幅图卷不会比《权力的游戏》小多少。另外，《雪中悍刀行》的时间轴也是一大惊喜，它在徐凤年的身上，贯穿了八百年来的时间穿梭和转世重生，又从黄三甲的身上让我们看到了从当时到未来的某种莫名的联系。

当然了，这个故事毕竟还是武侠、仙侠的结构，所以并没有展开笔墨去解释是否存在穿越的可能，但是从一些细节描写上我们不难发现，在《雪中悍刀行》的世界里时间是条刻意延展的维度。此外，小说中还有数量巨大的支线故事和很多出彩的角色，这些拿来构成主线剧情是绰绰有余的，如果哪天拿去搞番外也没什么问题——从这个角度看，《雪中悍刀行》甚至有潜力做成漫威、DC一样的故事型宇宙。

IP化指数：9分

《雪中悍刀行》的可塑性很强，在IP化打造上这是非常大的一个优势，也给了粉丝们很大的期待。目前来看这部作品的价值还是被平台和业内公司认可的，从腾讯对这部小说的开发计划上看，应该是作为头部IP来制定整体的开发计划，并且一些开发项目也已经在开发进程中，所以就让我们拭目以待，当然关于这部小说的开发，教练也想说说自己的建议。

（5）

依照惯例，我们首先来说说影视剧的改编计划。

2016年新丽传媒拿下了这个重磅IP，但自拿下IP后关于开发的消息就很少，期间也有过几次的新闻曝光，直到2020年中，正式官宣，《庆余年》班底将加入《雪中悍刀行》的电视剧改编，这消息一传出就引爆了整个市场。

另外关于电视剧的演员，教练想说，《雪中悍刀行》里最多的就是角色，经典的角色如果想要诠释好，光是选角这一件事就足够让剧组头疼的了。这里呢，教练倒是有个大胆的想法，那就是故事中分量重、左右关键剧情、有一定年纪的角色，还是要邀请一些真正会演戏的老戏骨来演，不要怕流量效应会受到影响。否则像张巨鹿、坦坦翁、徐骁这些个角色，那是一定会崩的。此外呢，像董卓、郁鸾刀、白狐儿脸等角色，建议挑选一些有潜力的新人来尝试，这样既能保证颜值在线，也能保证整部剧看下来品质有所保证。

改编作品方面，《雪中悍刀行》目前是有漫画的，但说实话，漫画的品质一般，而且教练认为最适合这部小说的还是动画。如果能拍成动画，在情节上不会输给《白蛇》，画面上不会输给《斗破苍穹》《斗罗大陆》，效果绝对是出彩的。

最后教练还想说，这部小说是很适合拆分成一个个相对独立的小故事进行院线电影或网络电影开发的，通过不断更新的独立故事内容，穿起整个雪中江湖，不断丰富整个 IP 的构成，相信一定能让我们看到更大的《雪中悍刀行》世界！

（6）

好啦，又到了我们的荐小说部分。既然本节讲的是《雪中悍刀行》，教练在这里就继续推荐烽火戏诸侯的新作《剑来》给大家。这小说有《雪中悍刀行》的神韵，却更具仙风道骨，喜欢文艺范儿的朋友们别错过了！

第十六章　星辰大海觅理想：《武装风暴》

（1）

本节我们要说的这部小说——《武装风暴》，它的身上有很多标签。

首先，这是一部非常成功的爽文；其次，它也是众多三部曲式系列网文中最为出色的作品之一。作为风暴三部曲的第二部，《武装风暴》在《机动风暴》的基础上更加成熟，又还保留着创作的那份初心，可以说是风暴三部曲的巅峰。此外，我们都知道骷髅精灵是机战类题材的“大神”，所以这部《武装风暴》也可以说是整个机战类型网文里的巅峰作品之一。与很多同类型作品的软科幻风格不同，骷髅精灵笔下的机战故事，虽然科幻风浓烈，但细品下来，却发现，每个故事的内核都有着人定胜天的人文情怀。

《武装风暴》创作于2010年4月，洋洋洒洒写了近二百万字，承接上一部《机动风暴》李峰成神之后的世界。在《武装风暴》里，一个名叫王动的青年自小学习着不同的刀锋决，偶然激发了神秘空间水晶，放出灵魂“貌似武神”，从此踏上了一条不断战斗的战神之路。

对于这样一个简单的故事，很多老书虫从最开始就不难想象剧情的走向以及主人公的命运。纵然如此，这部小说还是能让我们看得酣畅淋漓、大呼痛快，骷髅精灵讲故事的本领之高可见一斑。这也难怪网文江湖上一直有种说法：在所有的爽文题材中，有一种让人欲罢不能的爽文，叫作骷髅精灵式的激情爽文。

（2）

转眼间，风暴三部曲早已完结多年，但是每当教练回想起曾经被风暴点燃的对于机甲文化的那份心动，还是会打心眼里敬佩给了我们那么多感动的骷髅精灵。

关于风暴三部曲的书评，网上有很多，也是褒贬不一——毕竟是爽文嘛，所以吐槽它的也挺多。在这里教练挑了一些跟大家分享。

读者“一叶知秋”的评价非常深刻。他说：“这部小说的背景非常宏大，牵涉到宇宙中各个星际、各个种族之间的战争，当然星战小说基本上就没有背景不宏大的。正所谓只有做不到，没有想不到。这部小说和《机动风暴》不一样的地方在于，完全没有给主角提供模拟练习外加结交异性的场地，而是一开始就直接进入了战场之中，让主角不能在温室中慢慢成长，充分体现了什么叫置之死地而后生。男主角凭借着无敌光环顺利地打怪、升级、交朋友，一路顺风而且没有半路失踪，充分诠释了什么才是一个成功的男人；而女主角们则通过找到了这样一个成功的男人，充分诠释了什么才是一个成功的女人。王霸流虽然好写，但是很难写好，作者的强悍之处就是能将王霸流写得‘兽血’沸腾，呃，不，是热血沸腾，动感十足，让读者仿佛身临其境，感受到主角的喜与悲。”

网易上面有读者这样评价：“主人公的百折不挠、伙伴的赤诚羁绊、机甲的震撼磅礴、战斗的热血沸腾……许许多多的内容元素，都承载着强烈的集体及个人英雄主义情怀，极易与观众达到情感上的共鸣。

“然而，真正成功的‘英雄主义情怀’仅能够触动情感共鸣是远远不够的，更重要的是能够引起思考。

“《武装风暴》中，‘英雄’并没有多么的高高在上，甚至只是一些很多时候都不认为自己是英雄的普通人，只是在做自己想做的事情，也正是这些源自本心动力所蕴含的坚韧、努力、舍己等优秀的品质铸造了他们的‘英雄角色’。”

其实看书这件事，和读者的心境、人生的阶段以及对题材的个人喜好有很大关系，毕竟看书主要还是自己的事。那么教练又是怎样评价这部小说的呢？且听我慢慢道来！

（3）

《武装风暴》这部小说，教练是在完本后才读的，没有追更，一气呵成，看完后大呼过瘾，但回想起来真正记挂在心的却也寥寥。在这里教练送给《武装风暴》的评价是：“当仁不让为同族，星辰大海觅理想。”

完风暴三部曲的，但是这样的篇幅太长了，所以我决定挑选其中最优秀、最具代表性的《武装风暴》来做点评。首先要说的是，对于这部小说，教练心里的评分不能算高，但它却是我看了不后悔的一部小说。记得那会儿我正是书荒，看了下这部小说的简介，决定试着翻一下，结果读起来发现剧情流畅、人物鲜明、情节轻松、感情饱满，看得我热血澎湃。

对于这部小说呢，教练有三爱三恨。

第一爱，科幻机甲，征战星海。首先，这个选题就很对网文读者的胃口。网文最主流的受众群体，早些年大多是受过日本动漫影响的。而在日漫中，科幻机甲也就是SF题材，一直是非常受欢迎的一类题材，代表作有《高达》系列、《超时空要塞》《宇宙骑士dboy》《新世纪福音战士》等等。驾驶机甲驰骋于苍穹宇宙，是我们这一代人儿时的梦想，这也是教练在看到《武装风暴》的简介后，瞬间就做好入坑准备的原因。这部小说的表现，其实也对得起我的期望。

第二爱，剧情紧凑，轻松自在。总的来说，《武装风暴》的剧情节奏很不错，很少有让人乏味的描述，以及篇幅过长的非主线剧情，更没有动辄一个科普或是对话就来个几章的情节。但是这并不代表《武装风暴》就没有循环和“水字数”的部分。其实，作为一部爽文，这种循环的套路是一定存在的，但是在骷髅精灵的笔下，即使是循环的副本，也能写出不同的感动。而且教练身边的朋友也总是说，有时候看书吧，其实也不想太烧脑，就想放松一下，像这种时候，《武装风暴》就是不错的选择。

第三爱，大是大非，大喜大悲。骷髅精灵有别于其他爽文作者的最大特点，就是对情绪的渲染和拿捏。他对于读者情绪的变化把握得非常到位，既不会刻意放大心理的波动，也不矫情做作，而是通过情节的发展，先加强代入感，让读者不知不觉间进入到故事中，再通过特殊事件的发生，一下引爆我们内心的某种感情，让人大呼过瘾。而且，相比于《机动风暴》的热血燃情，《武装风暴》更加内敛一些，细品下来会发现，这里的故事更加耐人寻味，里面关于人性的思索多了，可以说整个作品的思想性提升很多。

说完了爱，接下来教练要好好说说这三恨。

第一恨，种马，王霸，副本，三大套路一个不少。不得不说这简直就是爽文的教科书：标准的结构、完美的套路模式，男主一副明知自己不会死各种作死的节奏，女主各种按照剧本遇上男主、爱上男主、成就人生巅峰的晋升套路，而剧情本身也不断地在各种不同的副本模式下循环。此外有一点不得不吐槽，虽然是风暴三部曲的第二部，但是《武装风暴》剧情在结构上和第一部也太像了吧！

第二恨，开篇越大，结尾越烂。纵观各种网文题材，科幻机甲类题材是最容易烂尾的，大多作者往往开篇就给大家营造一个宏大的世界，这个世界里装满了我们的想象，看得人热血沸腾，最后却因为故事铺设太广，不得不草草收场。就如同《武装风暴》里最后的几场大战，本以为大戏正要开始，谁知最后竟然不了了之。

第三恨，人物脸谱化，傻傻分不清楚。其实单看《武装风暴》，每个角色的描写还算是可圈可点的，还能做到不同的角色有不同的性格和特点。然而当我们把风暴三部曲放到一起时就会发现，人物的雷同性实在太强，帕特罗克罗斯和《机动风暴》里的李兰加洛斯简直如出一辙，而女主们也存在极大的相似。

总体来说，这部小说是网文的典型代表，优点缺点都很明显，关键还看我们自己是否喜欢，阅读时的体验是否愉悦。

（4）

文学指数：8分

从爽文的角度来说，这部小说的文笔是非常好的，比前作《机动风暴》更加成熟，对剧情的驾驭也更为游刃有余，即使是和其他不同题材的网文相比，也是不错的一部小说。教练也认为骷髅精灵讲故事的能力实属一流。然而爽文因为其设定，本身的缺陷就很明显：比如说过于套路化、部分情节过于“水”、人物也过于简单，所以我认为8分已经是极限。

脑洞指数：7分

总的说来，科幻机甲题材是容易放大脑洞的，但是这方面并不是骷髅精灵的特长，所以他并没有给我们太多脑洞上的惊喜，而是选择专心讲好这个在宇宙星际中发生的故事。在这方面，另一位写科幻机甲题材的作者方想的脑洞就要大得多。所以这里只能给7分。这个分数主要是因为这部小说从人与人的竞争到后来人与虫的战争，从国与国之间的战争上升到不同种族之间的战争，放到整个宇宙的环境中，有一丝《三体》中黑暗森林法则的味道。

IP 化指数：5分

《武装风暴》这样的 IP，首先影视化的改编难度是极大的，甚至可以说不太可能。一方面，科幻机甲类题材改编的影视成本太高，如果特效太差根本不会有好的评价；另外，《武装风暴》并不是严谨的科幻文，所以整个故事在科学技术方面的支撑并不足够，翻拍影视剧时，故事的合理性会遇到很大的问题。

（5）

系统地来看，《武装风暴》的 IP 化开发其实是乏善可陈的，真正开发出来的内容也只有2012年的一个网页游戏。然而这对于一个曾经热度很高的网文 IP 来讲，是不如人意的。

所以，从教练的角度来看，我认为有两种类型会是这部作品最有可能成功的开发方向。第一是有声小说，毕竟这是一部热度很高并且热血激情的小说，改编成有声小说后，这种效果会更加直观。

此外，我认为《武装风暴》最有可能大热的改编内容应该是动漫，因为机甲的魅力只有在动漫中才能得到最完美的释放。想想故事里那些带来奇迹的机甲，当它们通过动漫夸张和华丽的刻画跃然于我们的眼前，一定能让我们的想象变成现实。而且，爽文大多为了剧情的热血而牺牲掉很多逻辑和应有的描述，这一点也很符合动漫的内容结构。

所以《武装风暴》如果能通过动漫打响 IP 化的第一炮，在后续保持连载动漫的持续更新，再同步推出动漫电影和动漫衍生品，我想或许情况会比现在好得多。

（6）

又到了要给大家推荐好书的环节。我们既然说了科幻机甲题材的爽文代表作《武装风暴》，那么教练在这儿给大家推荐一部来自另外一位机甲题材“大神”的作品，方想的《师士传说》。这部小说是一部上了年纪的旧作，却藏了很多吸引人的秘密。如果有喜欢机甲题材的朋友可以解决下书荒。

第十七章　真相背后见真相：《亵渎》

（1）

本节我们要说的这部小说——《亵渎》，是一部有着独特价值的奇文。而小说的作者烟雨江南和这部小说一样是个传奇。江湖上大家都喜欢称呼烟雨江南为烟大，开个玩笑说烟大的心里有无数个世界，所以就用笔带我们去体验。

在中国网络文学兴起的早期，大部分作者的灵感来源都是四个方向：武侠小说、经典神话小说、西方魔幻小说和都市言情小说，至于架空历史、网游竞技等题材，要稍微靠后才出现。最开始，受西方玄幻小说影响的作家占比很大，所以才有了《小兵传奇》《佣兵天下》《紫川》这一批经典的网文神作。

而在所有西方玄幻题材小说中，有一部最为特殊，那就是本节我们讲到的《亵渎》。它用独到的视角给我们讲述了一个打破我们认知的、新的魔幻世界。那个世界依然有斗气和魔法，有主神、天使、宗教，却没有循规蹈矩的善恶，也没有标志性的、斗恶龙的勇者型主角，故事从一开始，就透露着一股离经叛道的恶趣味。然而，正是这些不寻常的设定，给了我们一个异常精彩的故事，这也正是那个心中拥有无数位面的烟大的独特魅力。

（2）

这是一部离经叛道，却又无比真实的小说，被誉为“网络文学西方玄幻第一书”。关于这部小说的评价也是千人千面，教练在这里挑了几位的精彩书评分享给大家。

知乎上的读者“凄焰葬夕明”写道：“《亵渎》对于读者的要求可能会高一些，读者要了解社会的黑暗面才会理解主人公无所不用的做法，而主人公抛弃家业从头再来可能也影响了一些习惯看主人公顺风顺水小说的读者。其中关于男女问题的事情也比较多，可能部分洁癖读者无法接受。

“小说里所有角色都在成长，都在改变，最开始的主人公和最后的主人公整体意识早已完全不同，其中每个角色的变化及心理波动烟雨江南也描写清晰，那是无数的人生感慨而不是凑字的墨水，个人认为也是小说精华的一部分。”

豆瓣上也有读者说，《亵渎》“写作风格有如写电报，惜字如金，颇似古龙，古龙多的是评论，会边看边笑。可上百万字的电报读起来真费劲，于是每一遍都会看到一些以前没有注意的文字和细节。更要命的是，还要前后贯通和联想，比如，小妖精之死，简单的一句‘谢谢，不必了’宣告第二女主角的离去。比如破坏信仰之源，前后就两处地方，还很含蓄，我开始根本没有注意到这个细节。小说的开头不精彩，很多网络小说开头就会引人入胜，往往会虎头蛇尾，而《亵渎》相反，越读越精彩，情色越来越少，越来越充满哲理。那么最后《亵渎》亵渎了什么？这是需要好好回答的，相信每一个读者都有自己的理解。小说的开头是亵渎了传统的礼义廉耻，接着是亵渎了女人，亵渎了爱情，亵渎了光明，亵渎了神明，亵渎了信仰。”

贴吧上有人说：“除了以一些权臣为主角的传记，大概很少有小说敢于用一个‘恶’人当主角，而且这个主角还是一个猥琐的胖子。尤其是作为一部网络小说，面对以追求代入快感为主体的读者群，《亵渎》能走出如此一步，并能获得成功，显然捕获了当下这个社会读者心中一部分潜在的愿望。罗格的行动我们未必认同，但是他身上交织的‘恶’却是潜藏在我们每个人内心深处最真实的事物，这是我们与生俱来的天性。当他毫不掩饰自己的欲望之时，我们跟随着他为‘恶’，或多或少体会了一把释放欲望的过程，在提心吊胆的同时，获得了内心某种满足。罗格在一些特定的时刻代替了我们，代替我们以暴制暴，铲除不公。虽然他也在制造新的不公，不过那无关紧要了，重要的是在之前那一刻他代替了某些时刻无法铲除不公的法律，成为公义的化身，让我们获得了满足。可以说，《亵渎》是一部让读者审视内心之‘恶’的小说，让大家忘记了现实，释放内心的私欲，一步步跟随着罗格的脚步，在作者虚构的世界里走至一个高处不胜寒的位置。如此说来，与其说我们认同了罗格的行为，不如说我们认清了这个让人无奈的现实世界。”

从读者们精彩的评价不难看出，《亵渎》这部小说是一部非常有思想的小说，喜欢这部小说的读者，知识水平也普遍很高！那么教练如何看待这部小说呢？接下来，就为你奉上教练的深入分析！

（3）

对于《亵渎》这样一部无法被归类的奇作，教练也送它特殊的评价：“当你开始质疑存在已久的规则，想要看到真相背后的真相时，你就踏上了亵渎的道路！”

首先教练认为，从网络文学诞生到今天，西方魔幻题材的网文作品中，《亵渎》当属巅峰。这部小说给我们的，不只是曲折离奇的故事，更有发人深省的思索。烟大用这样的故事和这样一个“恶人”形象的主人公罗格，把我们很多人心里想做的事情都做了。所以，当我们看完整个故事，发现那个最开始让我们喜欢不起来的罗格，早已成了每个处于人生不同境地的我们：面对命运、面对信仰、面对自己，我们每个人都曾尽力挣扎，只为了心里那一份幼稚的坚持。

作为教练私藏书单里最难忘记的一部小说，我认为《亵渎》有四奇。

第一奇，恶人不恶，光明未明。在众多的网络小说主人公里，《亵渎》的主人公罗格无疑是一个恶人，甚至是个人渣，集贪婪、好色、阴险、卑鄙于一身。然而当我们看到这样一个恶人，为了心中那幼稚的坚持而去挑战整个世界的法则，在那个残酷的世界守着心里最后的一丝底线时，我们发现，纵然罗格是个恶人，我们却无法讨厌他，甚至有些怜惜他、喜欢他，并且羡慕他——怜惜他莫名其妙的单纯，喜欢他对身边人的真诚，羡慕他能为了心中的追求付出一切的洒脱。而那代表了绝对正义的光明神教，却因为那份过于绝对的光明，让我们感觉不到应有的温暖。细想下来，如果没了人性，光明也不能照亮我们前行的路吧！

第二奇，剧情百转千回，角色各领风骚。通常来说，网络小说为了强化粉丝效应，会刻意强化主人公的描写，使主角阵营和配角保持一定的笔墨差距，集中创造读者喜欢的角色，而剧情也会在一个主线的贯穿下，不断在不同的环境下重复相同的结构。而《亵渎》这部小说，你没法像一般网络小说一样，跨个十几章依然跟得上故事的剧情。看《亵渎》时，只要你跳过两三章，就会发现错过了很多精彩的剧情，甚至没法脑补。因为整个《亵渎》的故事发展有太多的不确定因素，故事沿着多条线索推进、交叉叙述，所以整个故事剧情紧凑、节奏明朗，阅读体验惊喜连连。此外，这部小说的角色实在丰富多彩，比主角还出彩的角色大有人在，让读者在阅读的过程中总能找到自己心里最中意的那个。

第三奇，金手指烫手，“外挂”全篇不灵。我们都知道一般网文的主人公总有些金手指的设定，给主人公一个“开挂”的成长历程简直可以说是标配。然而我们的罗格大人，虽然得到了伟大的死灵法师罗德里格斯的灵魂知识，以及打破规则的可能性，甚至是神赐光天使，可我们却没看到普通网文里应有的“扮猪吃老虎”、越级挑战、一路横扫等桥段，反而总是看到罗格被虐得不要不要的。这样的设定，给了我们眼前一亮的感觉，看得很有嚼劲。

第四奇，写的是魔幻小说，感觉却像科幻小说。小说中一开始亮相的死灵法师罗德里格斯和我们熟知的死灵法师毫无相似之处，我反倒是从其身上看到了一丝苏格拉底和亚里士多德的味道——那份从容洒脱和对世界真相的执着，与其说是死灵法师，不如说是追求世界真相的学者。而整部小说看似讲了一个魔幻背景下的小人物的奋斗故事，其实细想下来，罗格的追求、威娜的转变、利益的争夺……这一切的背后，所阐释的是一个关于世界真相的探讨过程：究竟这世界对错的边界在哪里？神是否能代表真理，而人存在的意义又是什么？我想这些问题，应该也是烟大希望能引导我们共同思索的。

一部出色的小说给我们带来的绝不只是阅读时的愉悦体验，更多的还有对于生命和世界的认知，这份认知也将成为推动社会人文进步的动力。

（4）

文学指数：9分

看过烟大作品的朋友应该都知道，烟大的文笔真心不像是一位网文作家，他的写作水平在网络文学的江湖中绝对是一流的。所以《亵渎》的故事，虽然在剧情的后半段到结尾这部分有些收不住的遗憾，却并不影响这部作品的整体素质。可以说，这是一部极具个人风格又兼具成熟度的大家之作。

脑洞指数：9.9分

《亵渎》的整个故事，就是对传统西方魔幻题材的一次突破和亵渎。在我们所熟悉的那个西方魔幻体系下，我们看到的应该是精灵与魔法、盗贼与暗杀、德鲁伊与自然，等等，每个种族都有特色的定位。而《亵渎》这部小说最大的脑洞，就在于打破所有我们所熟悉到认为是顺理成章的规则。就如同小说中罗格是罗德里格斯布局在棋盘外的棋子，不甘受规则所限一样，整个《亵渎》的故事和设定，仿佛就是为了打破规则和读者的认知边界而创作的。每当我们认为该如此的时候，最后却发现并非如此。烟大这份胆魄和“邪气”，教练认为值得9.9分的高分。

IP 化指数：8分

生不逢时的神作，总是遇不到懂它的人，可惜了《亵渎》这样的作品！如此高的水平，却没能留下太好的衍生内容。

（5）

其实《亵渎》这部小说最大的问题在于题材的尺度过大，因而在 IP 改编上难度太大。如果想要不触碰法规边界，那么原本的剧情就要做大量的删减和调整，如何在保留原有精神和符合政策规定之间做好平衡，对于《亵渎》的 IP 化而言，是一个最大的挑战。从媒体的消息来看,2016年慈文传媒曾备案了一部《亵渎》改编的电视剧，但是迟迟没有开机，也没有后续的开发进度。2018年年底，慈文传媒也更换了大股东，之后是否还会继续开发《亵渎》的 IP，我们就不得而知了。

《亵渎》的漫画，相比同等热度的网文也比较少见，可以说基本没有官方版本，网上有的大多是同人漫画。一方面是因为《亵渎》的创作时间太早，那时国内的漫画市场基本还处在被日漫垄断的局面，也没有文改漫的模式诞生。

不过据教练所知，关于《亵渎》有一个很值得期待的衍生内容即将上线，那就是凤凰互娱旗下品牌翻阅小说开发的《亵渎》有声小说。教练从内部了解到，这部有声小说将由国内知名声优打造，保证是原汁原味的《亵渎》范儿！我想，这可能是喜欢《亵渎》的读者最近能听到的最好的消息了。

（6）

既然这一节说了烟大的作品，那么教练就再推荐一部烟大的西方魔幻小说——《罪恶之城》。这部小说也是教练很喜欢的小说，作品里的位面理论和魔法解读非常耐人寻味，喜欢的朋友可以尝试一下。

第十八章　万载修行道不空：《遮天》

（1）

本节我们要说的这部小说——《遮天》，不仅可说是辰东最为成功的一部小说，更是神魔流派集大成的巅峰之作。这部小说的成就，足以在整个网文江湖中载入史册。纵使多年过去，很多年轻的读者或许没有体会过当时《遮天》横空出世的震撼，也一定会在阅读后，被这部小说承载的精神所深深打动。而对于曾经追过这部小说的我们而言，每当回想起当时因剧情而澎湃的情绪、被角色感动的泪水，就如同耳边响起战鼓，生命开始沸腾，那股不屈不挠、为了守护心中所爱而用一切去抗争的热血在告诉我们：每个人都有自己所追寻的道，为了心中所热爱和坚信的一切，我们纵使燃烧生命也要努力向前，向着内心有光的方向，永不止步！

《遮天》这部小说给人的感觉，很像是一部热血题材的动漫，而作者辰东也是有数的几位特别擅长热血题材的网文作家，他笔下的故事都拥有庞大的世界观、一环扣一环的悬念、形象鲜明的角色和史诗般的战斗描写，总是能带动读者的情绪，跟着小说中人物一起心潮澎湃。可以说，辰东的小说画面感很强，读着文字时，我们脑海中总能浮现出小说中的一幅幅画面。而且在形形色色的角色中，总有一个能够将你代入到整个故事里去，你会找到一个和你产生共鸣的存在，一起跟着故事去探索那个广袤无垠的异世界。

（2）

《遮天》是辰东的第三部小说，也是辰东的巅峰之作，较之前面的《神墓》和《长生界》更为成熟，也比之后的《完美世界》和《圣墟》更有诚意。这里教练挑出几条具有一定高度的书评给大家分享下。

来自知乎的读者王波这么评价："《遮天》中的人物，尽管在叙述上略显粗糙，僵硬，但他们并不单一，有各自的爱恨情仇，他们所追求的，他们所执着的也正是我们所向往的。《遮天》的环境背景宏大广阔，宇宙的神秘瑰美、万族竞逐的血性无疑都迎合了《遮天》的青年受众。《遮天》体现了辰东对人生意义的思考，这也是《遮天》真正沉淀下来的闪光点。令笔者记忆非常深刻的是人族大圣青凰道人化道时的遗言'敢问世上是否有仙？'整个《遮天》都是围绕着'仙'展开的，而在接近结尾时又以一个修为高绝的道人的口吻问出是否有仙。"

来自豆瓣的读者如此写道："《遮天》这部小说有几点是我所喜欢的。一、它揭露了人性的黑暗，这是我最喜欢的一个地方。辰东从不吝啬笔墨来描绘这种黑暗，即使在很多人来看这是他在水，即使我看了这种情节心里会很不好受，我认为这是触动了内心的某些禁忌，谁都不可否认自己有阴暗的那一面。小说中那些灿烂美好的人和事，有阴暗的一面自然就会有美好的一面。有为了百族和平奉献了一生的虚空大帝，有'不为成仙，只为在红尘中等你回来'的狠人大帝。二、引人入胜的情节。辰东号称一代'坑神'，善于在剧情发展过程中，在主人公成长的过程中，毫无违和地挖坑，填坑，再挖坑，再填坑，使读者在看的过程中不断地猜测，结合上下文求证，我认为这很有意思。这种并非他首创却把它发扬光大的写作手法也成为他的作品标志性的特色。三、让人热血沸腾的宏大场面。辰东作品中描绘的浩大的战斗场面，激烈的你来我往，甚至是在绝境之中爆发出了无上人物的后手，这其中我认为以《遮天》中的黑暗动乱为最，很难在其他人的小说中感受到这种恢弘的气势瑰和丽神奇的世界。”

就如同这些读者的评价一样，辰东的作品从来都不完美，但是却有一股让我们发自内心去喜欢的劲儿。虽然辰东所写的故事也都是爽文，但在那个网文千篇一律的时代，他是为数不多能够不断给我们惊喜的作者。至少数年过去了，《遮天》里的人物和情节依然印刻在很多读者的心里。

（3）

对于《遮天》这部至今都让教练读来热血澎湃的小说，我对它的评价是："万载修行道不空，不忘初心笑长生。"

教练对于辰东这位作者也是非常欣赏的，在设计这个节目的时候，第一时间想到的作者里就有他，这也是为什么我在讲完《神墓》之后，又选中了这本《遮天》。

这是辰东遮天三部曲的第一部，首发于2010年10月，2013年完本，全部作品一千八百多章，总字数六百多万，从篇幅上来说是一部长篇小说。辰东用这样的篇幅给我们刻画了一个宏大的盛世：万族争鸣，诸帝求仙。整部小说的明线是围绕"成仙"这一终极目标进行的。但是看完全文我们发现，"成仙"过于虚无缥缈，只有向命运的抗争和守护家园的信念才是无比真实的。所以整个故事里，虽然有为了自己成仙而自私自利的准帝，但更多的是有血有肉、修仙几千载却不忘初心的修行中人。

《遮天》这部小说，教练认为有三绝。

一绝，开卷惊艳悬念深。故事以九龙拉棺揭开序幕，起初这一天文奇景看似是一次科幻色彩十足的外太空事件，但随着故事的推进，主人公和他的同学们的生命都被这一事件改变。随着同学聚会登泰山五色祭坛，踏上星空古路，奇遇大雷音寺，藏在铜棺内来到一个全新的世界，到这里，故事里一股经典神话的沧桑感扑面而来。

叶凡作为小说中的主角，一来到新的世界就被发现身怀荒古前的圣体不能修炼，跌入人生的谷底。这欲扬先抑的设定，让我们憋着一口气追更下去。对于每位读者而言，这个开局藏着太多我们所熟知的神话故事和我们所不知道的剧情设定，即将看到的究竟是一个怎样的世界和一段如何离奇的故事呢？这就是这部小说先声夺人的地方。

二绝，展卷激昂热血燃。网文作为快餐文化，真的能在读者心中留下痕迹，让人记得住的作品和角色是少数的。所以，能否被读者记住，也是衡量一部网文是否成功的标准之一。《遮天》很擅长带动读者的情绪，让读者跟着剧情的发展时而感慨伤怀，时而激情澎湃。

同时期的大部分网文基本都是“一个人的狂欢”，而《遮天》给我们带来的是“一群人的浪漫”。小说中不是只有叶凡这个主角最出彩，比叶凡更受欢迎的角色还有很多，比如那“在红尘中等君归来”的狠人大帝、忠诚而腹黑的黑皇、白衣神王姜太虚、“一见无始道成空”的无始大帝等等。可以说，辰东这些性格鲜明、可歌可泣的角色，撑起了整部小说的情感担当。他们直击人心的故事，是这部小说的第二绝。

三绝，收卷余韵绕心间。或许是因为前期挖坑挖得太多，后期《遮天》里确实有些坑是没填上的，以至于有些读者觉得这部小说烂尾。但是我们综合三部曲来看整个《遮天》的故事，教练认为，如果辰东一开始就设计好了三部曲的节奏，那么《遮天》里那些没有交代清楚的原委，恰恰成了后两部里剧情得以开展和相互呼应的隐藏逻辑。此乃第三绝，绝在布局深远。

那么到底《遮天》这部小说在教练这儿能得多少分呢？让我们进入评分环节一探究竟。

（4）

文学指数：8分

其实辰东的文笔算得上不错，但是他为了保证更新的频率和更新量，行文当中还是会有很多注水的情况存在。《遮天》的感情线处理得多少还是有些问题的——前半部分有后宫三千的感觉，最后却给叶凡来了个全程暧昧，孑然一身，看得教练唏嘘不已，因此扣了2分。

但也不是说这部小说在文学方面就一无是处。从正面的角度看，全文读下来故事流畅，叙事技巧高超，尤其是多线推进的部分，能够看出辰东驾驭故事的能力超凡。他的写作功底扎实，过程科学合理，讲故事能贯穿主线而不散乱，支线剧情也有惊喜和差异，对大场面描写把控的能力强，细节的心理处文笔到位。这些也都是他的优点，是值得我们肯定的。

脑洞指数：9分

在之前的节目里教练说过，像《遮天》这样具有神话元素的故事，能在我们所知道的那些神话故事中，创造出我们所不知道的世界，让那些在我们心里期盼的关联和故事呈现于眼前，这样的网文其实是最适合中国市场和易于被中国读者接受的。《遮天》的故事，看起来是在一个我们完全不了解的世界发生的，然而细品下来却会发现，整个故事里叶凡所代表的种族正是我们华夏民族的写照，这就很容易让广大读者在身份认同方面产生共鸣。

《遮天》构建的世界完整且宏大，一点一点展开世界的节奏也适于阅读。在这部小说里面，叙事之趣归于探索，脑洞之大横贯宇宙。

IP化指数：8.5分

其实《遮天》的IP化开发一直是读者最为期待的部分。小说还在连载时，就有很多热心网友自发地创作了同人漫画，也发起了角色对应的演员票选，然而遗憾的是，最终《遮天》给我们带来的优秀的IP衍生内容却寥寥无几。教练希望喜欢这部小说的朋友能和我一起怀揣着期待，相信《遮天》的IP化一定会有好的内容在未来等着我们去欣赏。

（5）

作为当时最为炙手可热的作品之一，《遮天》的版权一度成为多家影视公司争抢的标的，最终它的电视剧版权被上海好故事影视公司拿下，电影版权被上海克顿文化传媒有限公司拿下。电视剧项目从拿下到今天，基本就没有过任何有意义的实质进展，而电影项目是在2016年备案的，也是已经过了三年了，还没有任何消息。但是教练认为，克顿自从被华策收购之后，实力是毋庸置疑的，至于到如今还没有什么进展，应该是剧本还在打磨，毕竟这样一个六百多万字的小说，改编起来难度实在太大。我想如果在版权不发生其他纠纷的情况下，未来两三年内，我们一定能够看到《遮天》的影视剧作品。当然了，广电的“限古令”很可能会导致项目上线的延后，这一点要考虑到。

《遮天》相对成功和成熟的 IP 化开发，应该是2016年由完美世界开发的 MMORPG 手游。毕竟在游戏开发这个领域，辰东可以说是驾轻就熟，早在他的第一部小说《神墓》大火之后，他就亲自担当了《神墓》游戏的开发总策划。对于《遮天》的游戏开发，辰东和完美世界的组合本身就代表了游戏的品质。不过手游的体验感处于比较一般的水准，而且手游市场是基本被发行商垄断的，大部分手游能否成为爆款，可以说都取决于高日活和互联网发行平台，以及市场占有率大的手机厂商。以至于《遮天》这样一款大 IP 手游并没有曾经的《神墓》那么火热。

《遮天》的漫画倒是一直在连载当中，并且连载的成绩不错，只是更新算不上快，但胜在稳定，观看和点击也都有不错的数据。可惜漫画的受众群体还是稍微小了点，带来的影响也并不大。

其实，以《遮天》的故事设定和世界观体系，教练认为最适合开发的还是动漫和游戏。但是目前为止，还没有听到过谁做出来关于《遮天》比较好的动漫开发计划。在本节内容的开头教练就说过，

《遮天》这部小说很像一部热血动漫，里面有庞大的世界，有各种出彩的角色，节奏紧凑，整个故事也非常二次元。所以从本质来说，这个 IP 最值得投资的打造方向第一个就是动漫。动漫的开发将人物、场景通过原画、渲染、建模完成数字化过程，在动漫制作的过程中，为游戏开发预先完成人物角色的设定以及背景故事的策划，将原作里的角色还原，并且将那份为守护种族放弃成仙的热血豪情通过动漫的形式加以演绎。我想，只要做好这几点，它一定会是一部让原著党满足、让新观众追捧的热门之作。

总体来看，《遮天》是一个很精彩却稍微有些局限性的 IP，可能不适合某些方向的开发，但每当我想到九龙拉棺的场景时，它总能让我联想到《流浪地球》里带着地球流浪的场面，宏大而沧桑。

（6）

教练在这里给大家推荐的是遮天三部曲的后两部——《完美世界》和《圣墟》。当然，这两部小说属于典型的网络爽文，喜欢的朋友可以追下，而看多了爽文的朋友建议适可而止。

第十九章　守本意无愧于心：《人道纪元》

（1）

本节我们说的这部小说——《人道纪元》，是一部相对小众的网文作品，看过这部小说的朋友可能不多，但是教练相信，每位读过这部小说的朋友，都会对它印象深刻。

和其他洪荒流小说相比，《人道纪元》的开篇更为宏大深远。一切的故事从天地初开之际讲起：万灵诞生，当时的人族还是弱小的种族，需要在各大强势种族的夹缝之中小心翼翼地生存；我们的主人公南落，则从弱小一步步修炼到实力通天，并且见证了天地间主宰的几次更迭，更是参与了其中的诸多大事件。

这部小说将从古至今流传下来的《山海经》《搜神记》《逍遥游》《封神演义》《西游记》《白蛇传》等独立的神话故事通过一条时间线贯穿在一起。我们能在里面找到很多我们曾经崇拜或喜欢的神话英雄，这让整个故事读下来既不陌生又充满惊喜，随着故事的进展，有些埋藏在读者心里的猜想也一一跃然纸上。不得不佩服小说作者的文字功底，他将那些古代的传说写得如同真实发生过的历史一样，真实而又精彩。

教练为了给大家讲好这期节目，前一阵刚刚又读了一遍这部小说，发现感触竟然比第一次读时还要深刻。在《人道纪元》的世界里，我们跟着南落的视角去经历天地变迁、巫妖大战、人族崛起，体会剧情里的万物更替、沧海桑田。在时间的长河里，任何生物种族都是渺小的，万事万物都遵循着自然的规律，这天下就没有永远的霸主，也不会存在永远的弱者，只要有一颗变强的心，有为之付出一切努力的觉悟，天地终将改变。

严格意义上来说，这部小说不算是一部爽文，里面的内容甚至有一点晦涩，作者想要表达的思想也藏得很深。整部小说的气质略微有些压抑，毕竟，在天地大势面前，个人是极其渺小的，但每个人的抗争都可能是改变世界的契机。

总而言之，从文笔、立意、设定等多方面来看，《人道纪元》都是当之无愧的神作，这部小说只是差了些运气，否则应该是有望封神的作品。

（2）

因为这部小说比较小众，所以读者的评价不算多，教练挑了几个有趣的给大家分享下。

知乎上的一位网友说："这是一部关于人类如何在巫神妖夹缝中成长为天地的主宰的'记录'，视角当然是通过主角——南落，他的看法、想法、做法。小说的立意很高，比他的其他作品的立意都要高，情节很好，文笔更是了不得，格局也很大。主角是个至情至性之人，塑造得非常有感染力，我以为在我所看过的小说中，只有南落担当得起这个词，至情至性。"

今日头条上面的读者是这样评价的："作者从洪荒初开的场面开篇，亿万生灵，充满无尽杀戮，而人类作为最渺小的存在，夹杂其中，挣扎着寻求生存。而我们的主角，阳平氏族的一个小小少年——南落，在被妖族抓走之后，跌跌撞撞地踏入修行之道。

"人族，本是最弱小的种族，一开始，南落仅仅被称作十九，只有一个小小的代号，连名字都不配有。之后，逃出生天，成为阳平氏的祭司。从孔雀的持剑童子做起，到受封天庭星君，再到战遍满天神佛。南落一直在变，从最初一个懵懂少年，在经历那么多事情之后，渐渐地变了，凄凉的人生最是能让人成长，也许到了最后连南落自己都不知道会变成怎么的人了吧。与其他玄幻小说不同的是，整部小说都是悲剧的色调，文笔也远超同类小说，文字简洁淡雅，读来不让人生厌，给人一种身临其境的感觉，算得上是一部清新脱俗的小说。”

教练也时常会推荐身边的朋友来读一读这部小说，有的朋友感慨，说这部小说从写作本身到塑造的人物，都真正诠释了“至情至性”这四个字。那么整部小说到底有怎样的玄妙之处呢？且听教练一一说来。

（3）

对于这部小说，教练愿意送它一句：“逢大世且看风起云涌，守本意但求无愧于心。”

《人道纪元》给读者最多的，就是深刻的感动。这份感动并非源于刻骨铭心的爱情，也不是共同奋斗的友情，而是天地大爱、种族情怀。那份震撼心灵的触动会使看过的朋友久久不能忘怀，就像有的朋友说的一样，读完了《人道纪元》，过去一段时间以后，你可能会忘了它的情节、忘了里面的角色，但一想到这部小说，一份苍凉的感触还是会油然而生。在爽文横行的市场环境下，《人道纪元》打破了常规的套路模式，作者敢于沉下心来雕琢一个严谨的故事，他的这份初心也让我由衷钦佩。那么就让教练来说说这部小说值得看的几个特点。

首先，“至情至性”的主题贯穿全文，民族情怀令人动容。故事从人族尚且微不足道的时候开始写起，主人公南落因为机缘，亲身经历了巫神妖之争。这场战争里，没有对错好坏之分，有的是各自为了心中的坚持而不惜一切代价的付出和努力。无论是巫祖盘古开天地，十二祖巫为种族求存，为天地规则谋全，还是妖族为秉持秩序而建立天庭，其实你会发现，小说里的所有人都有自己的坚持，也都有自己的信念，这份魄力让人感动。

第二点，剧情若天马行空，脑洞藏时空宇宙。看这部小说时，它给我最大的感觉就是，剧情并没有一条按部就班的常规主线，而是让我们随着南落的视角去经历和体验。这中间的故事走向仿佛是个谜题——我们没法预测下一步要经历什么，却又对接下来将看到的惊喜充满了期待。

最后，这部小说是破而后立，为经典创新。其实《人道纪元》在素材的借鉴上做得是非常巧妙的，因为小说里的很多角色都是我们所熟悉的神话人物，但是细想下来，我们好像从来没有去了解过这些神话人物的背景，以及他们彼此之间的联系。当《人道纪元》的故事在我们面前展开时，这样一个似是而非的神话世界就呈现在了我们面前，我们既对那些神话人物有浓厚的感情，又好奇他们即将展现在我们面前的故事。这中间，藏着困惑我们多年的一些猜测。《人道纪元》既传承了经典，又打破了传统故事原本的结构，给我们呈现了一个全新的、充满想象力的新故事。

这样一部小众的作品，能够得到教练和诸多老书虫的认可，不管它在大家心中的评分是高还是低，最起码在教练这儿，给它的是一个不俗的分数。

（4）

文学指数：8.5分

亲吻指尖这位作者的文笔，和起点上著名的“大神”级玄幻作家徐公子胜治有异曲同工之处，文风稳健，措辞华丽而又不做作，故事的理论基础很好，剧情节奏的拿捏也很合适，很容易就能带读者入境，而人物的刻画也可圈可点，形象鲜明，性格突出。在各个网文论坛上，只要提到亲吻指尖，底下一定会有称赞他文笔的评价，大家一致认为，他之所以不温不火，很大的问题在于更新速度太慢。

脑洞指数：9分

虽然《人道纪元》借鉴了很多经典的传统神话故事，按理说开脑洞开得是有限的，但是像他这样，能从我们所熟悉的神话人物身上找到创新的点，实在颇为不易。既要保留好神话原来的味道，又要在新的剧情里找好平衡，还能将各个神话故事里的人物的关系串联起来，形成一个能够自圆其说的完整的故事，教练认为，做好这些就是作者脑洞能力的最大体现！亲吻指尖能够从盘古开天之后所留下的世界开始写起，将巫、神、妖之间错综复杂的斗争关系描写得入木三分，其脑洞之大，毋庸置疑。

IP 化指数：0分

这应该是这档节目做到现在，第一个得0分的作品吧！虽然《人道纪元》是部好小说，可是大家都知道，小众的网文本就是不存在什么 IP 改编内容的，《人道纪元》在纵横的总点击量到现在也才一百四十多万，想要指望它能在短时间内产出 IP 化的内容，也确实不太现实。

既然这作品没什么 IP 开发向的内容，那么我就长话短说，跳过我们的 IP 产业分析环节，直接进入最后的荐书部分。

（5）

在这里，教练给看过《人道纪元》或是喜欢仙侠题材的朋友推荐一部它的后传——《黄庭》。有些我们在《人道纪元》里没有找到的谜底，答案就都藏在《黄庭》里，等待我们去一一发掘。

第二十章　闯异世壮志不减：《兽血沸腾》

（1）

本节教练要给大家讲的是《兽血沸腾》。

在这部小说连载的年代，网文的类型还不是太丰富，《兽血沸腾》的想象力超出了同时期的大部分作品。彼时的穿越文，基本都是穿越到异世界，给主角安上一个在异世界的身份，顺便背负个宿命什么的，然后在金手指的帮助下，开始一段“开挂”的人生。在这个过程中，主角会推倒各类型的美女，打败各个等级的敌人，最后顺便拯救世界。这种老掉牙的套路至今还有很多小说在用，但是教练估计，大家光是听都已经觉得腻了吧！

可是我们要说的这部小说它不一样，主人公穿越后，第一件事情就是脸朝下着地摔成毁容，直接成了小说中皮格族的一员，并且阴差阳错成为兽族萨满。所以这不仅是一个有独特之处的故事，并且还是一个在兽人世界发生的、有趣且离奇的故事。

时至今日我们回看《兽血沸腾》，它在文笔、叙事等方面的确已经有些年代感，已经和时代显得脱节了，但是里面的各种天马行空的设定和想象力，还是非常吸引人的。不过遗憾的是，这部小说连载结束后很长一段时间里，我们都没有看到和它相关的影视剧、动漫这些个改编的内容，而作者静官在这部小说完结后，也没有什么优秀的作品，这种后继无力的遗憾让人唏嘘不已。

（2）

《兽血沸腾》在网络文学诞生的初期，曾经掀起过一阵热潮。当时追这部小说的读者，心中的感觉那真的是如书名一样热血沸腾。这部小说也的确算是爽文中的极品之作了，所以在网上随意搜搜，不难发现，关于它的评价是很多的。在这里，教练挑选了一篇评价得最全面细致的分享给大家。

这是一位来自阅读生活的读者写的，他对《兽血沸腾》的评价是“挺好吃的大杂烩、大乱炖的小说”。

首先教练觉得，他这个总评就很有趣，而且细想下来，也还是很精准的！“好吃的大杂烩大乱炖”，听上去就很对那些杂食系读者的胃口。

我们继续看他的书评。他写道：“《兽血沸腾》是发生在一个异次元空间的故事。这是一部几乎涵盖了当时所有意淫元素的爽文，但是与之不同的是，主角那些值得意淫的金手指并不是一开始就带给主角远超旁人的好处，而是在一环扣一环之后才彰显。通过不断的起伏和转折体现金手指的特色。除此之外，这部小说其实最让人击节赞叹的地方就在于这个故事塑造的背景。在当时，异界穿越小说盛行的时候，既有人类世界的特色，例如各类斗气，各种元素魔法师，教堂骑士之类，也有各类的种族，兽族、精灵、矮人、龙族等等，在以西方魔幻小说和《魔兽争霸3》为基础的背景情况下，当时这类异界小说大体都差不多，一个大陆，不同种族，不过如果说到背景世界观的完整性，以《兽血沸腾》最为出众。

“整个故事的背景定义最初是两个争端。一个是人类与兽族的争端。作者将人类定义为兽族的一员——猴族演化后的形象，在多年之后反叛成为与兽族对立的一个种族。另一个是兽族内部的争端。每一个不同的种族又有着不同的习性，而将之捆绑在一起的是至高无上的灭族压力，这一切都使人揪心，却又带有深知主角必胜的快感。小说到了后期，转变成了当时特有的异界之战，一个大陆所有的种族联合对抗很久以前落败被赶往异界蜗居准备复仇的魔族。这在当初是很常见的套路，现在来看或许有点老套吧，但在当时这是所有异界故事最终的走向。值得一提的是，这个故事最后留下了一个开放式的结局，算是别出心裁吧。总而言之，这其实是一部大杂烩大乱炖的小说，大鱼大肉足够多，素菜偏少，但还算挺好吃的。”

其实从这位读者的评价中，我们不难看出他是非常喜欢《兽血沸腾》的，应该看过不止一遍，才会有这么多的感动和对细节的念念不忘。要知道，在网络上像他这样给《兽血沸腾》以长篇大段评论的读者不在少数，这部小说独特的魅力，由此可见一斑！

接下来，大家跟着教练一起，我们换个专业一点的角度，来看看《兽血沸腾》的表现如何。

（3）

记得当初看这部小说时，我读的是实体书，介质虽然和很多的读者会有不同，但是它给我带来的欢乐和感动却一点都不比追更的少。教练在合上书页时的心情，要用一句话来概括的话，可说是“闯异世壮志不减，换兽身热血沸腾”。

这部小说之所以能够在十多年前脱颖而出，教练认为得益于以下三大卖点。

卖点一：爽点层出不穷。

首先我们要承认，《兽血沸腾》是一部彻头彻尾的爽文，从整个的故事结构到世界观体系，都是为爽而设计的。

我们回顾一下剧情，主人公刘震撼在战场上牺牲，然后在异世重生，救了兽族女子，被误认为是皮格族的一员，阴差阳错下成了萨满，然后收复龙子，吃掉龙蛋，得到巨力；后来他通过唱歌沟通世界规则，发挥出萨满的能力，这些设定为主角很好地铺平了一条“扮猪吃老虎”、越级挑战的意淫之路。

爽文虽然简单粗暴，但从文学价值上看也并非一无是处。大部分读者消遣时间的首选都是爽文，毕竟在线阅读本身就是丰富生活的一部分，是为生活提供休闲和娱乐的一种途径。从这个功能上来讲，《兽血沸腾》确实很好地完成了娱乐受众的任务。小说中并没有通过无限循环的副本来提升主角的实力和装备，而是用不同的故事和矛盾不断升级主角要面对的敌人和要处理的问题。如同前面选取的读者评价中所说，这个故事矛盾、冲突的节奏设计得很好，从最初的人族和兽族，再到兽族、王族之争，再到天鹅族的阴谋，最后拔高到整个世界要面对的公敌，每个阶段的故事推进和主角实力的提升不疾不徐，整个故事在控制篇幅的前提下没有过分得注水，剧情也没什么崩坏的地方。一部网文能够满足这些个条件，那它在那个时候的完整性和阅读体验真就是一流的了。

可贵的是，《兽血沸腾》不仅有幽默轻松的娱乐性，还有很多煽情的情节。像是中沙漠的绝地反击、南十字星的森林神域大战等情节，现在想来也依然让教练热血涌动。

卖点二：后宫三千却情感真挚。

一部杰出爽文的诞生，必不可少的一个条件，就是要有足够丰富且吸引人的女主角们——因为这种小说的读者，绝大多数还是“钢铁直男”。

《兽血沸腾》里的女主众多，并且涵盖了各个种族，种族不同，各女主的性格和特征也都不同。说起来有些可笑，但这满足了男性读者的愿望。

更加难得的是，老刘并不是单纯的下半身思考的动物，对于小说里的几位女主角，他也能做到甘苦与共，一同经历，一同成长。感情戏也不是虎躯一震就能得来的，同样也需要付出真挚的感情。比如老刘为了救艾薇儿穿过星空之门，甘愿舍弃一条手臂，即使面对强大到无法挑战的敌人也不退半步。这种程度的剧情，教练觉得已经不能用单纯的“种马式”情节来概括了。

卖点三：用设定强化代入感。

《兽血沸腾》巧妙的设定，不仅让剧情更加顺畅，同时也拉近了主角和读者之间的关系。当时市面上大部分的同类小说都会遵循西方魔幻小说的模式，走斗气、魔法、精神的套路，虽有创新，却往往因为要和读者解释设定而浪费很多的笔墨，这反而让整个故事的西方色彩更加浓郁，让中国的读者读来总会有些似是而非的距离感。

虽然《兽血沸腾》也是在差不多的世界观体系下发生的故事，但作者却很聪明地加入了一些我们熟悉的元素。其中最为出彩的一点，就是将萨满的战歌和老刘在地球带过去的流行歌曲相结合。于是，我们看到了《男儿当自强》版本的狂化战歌，《黄土高坡》版本的姜之忍耐夔歌，还有《发如雪》版本的心灵锁链之歌。

这样的设定，既让我们眼前一亮，又将那个本应离我们很远的异世界，一把拉到了熟悉的视野里来。跟着这样一个有血有肉的主角老刘一起在异世闯荡，却有着自然不做作的代入感，这也是小说之所以成功的秘诀之一。

话说回来，《兽血沸腾》虽然是网文江湖中爽文的巅峰作品之一，但严格来说，它还是存在一些粗糙和不足之处的。教练在打分时，也是一定要将这些缺点考虑进去的。

（4）

文学指数：7分

大部分爽文的重心，都放在剧情和人物这二者上面，往往不会在文学性上下太多的功夫。如果从我们常说的几方面来对《兽血沸腾》的文学性做评估的话，它世界观的设定有趣，远超同类型题材的小说，文笔和逻辑流畅，在爽文里也算是文学性很好的了。遗憾的是，小说的初心和立意偏弱，剧情结构虽然完整，但人物的刻画不够丰富，所以最终这一项教练认为只能得7分，在我要讲的作品里面绝对不是一个高分。

脑洞指数：8.5分

爽文归根结底，比拼的还是作者脑洞的大小。好的爽文除了情节紧凑、叙事酣畅淋漓，最能带给读者惊喜的，就是超出凡人脑洞的那些创新之处。不管是新的金手指、新的世界、新的技能，还是新的修炼体系，只要是能够博读者一乐的，那就是有价值的脑洞。

在这些方面，《兽血沸腾》可以说做得很出色，唯一美中不足的是，它完结的年代实在是久远，而当时的网文受西方魔幻的影响又太大，所以故事的整体格局还是被局限在了一个高魔法世界的框架内，没能跳出西方魔幻对同类题材网文创作的影响圈子。所以这里扣了1.5分。

IP 化指数：4分

虽然《兽血沸腾》IP 开发的效果不好，有很大一部分问题在于年代太早，但前面几期节目里同样情况的作品得分也没有这么低。之所以我会给《兽血沸腾》这么低的一个评分，主要是因为作为 IP，它本身的版权保护做得并不好。可能是因为起点中文网在早期也确实没法兼顾太多方面的工作，IP 开发的体系也没能搭建起来，这部小说虽然著作权是有保护的，但是小说名等知识产权却没有保护。现在大家在网上查一查，会发现很多《兽血沸腾》，但却是不同作者所写的不一样的故事。虽然从另一个角度上来讲，这也算是本作影响力的一种体现，但这种现象对于 IP 开发而言，还是弊大于利的。

对于这部小说的 IP 开发，我们先说说影视剧改编的可能性。两个字：渺茫。

从2005年《兽血沸腾》问世到现在，从来没听到过有任何关于它改编影视剧的消息。一方面是因为作品创作得太早，那时候还没有网文改编的模式，另一方面，这部小说内容本身也没什么影视化的可能性。看过的朋友会知道，里面的情节有很多不合常理的地方，而且还有些过于情色和露骨，这两点就足够把它排除出影视改编的名单了。

再来看动漫的改编。教练认为，如果《兽血沸腾》要改编成动漫，也只能是一部搞笑的“逗比”漫。而且情节要调整，内容方面将目标受众下沉到十六岁到三十五岁左右，改编成一部另类搞笑的穿越动漫，或许会有不错的效果。

到目前为止，《兽血沸腾》唯一做了授权改编的内容，就是2010年开发的一款 MMORPG 游戏。游戏本身品质差强人意，但是发行方的能力太弱，而且赶上了电脑端向移动端转型的时期，所以下场惨淡。

话说到这儿，教练想多提几嘴：很多情况下，好的网文不一定就能有顺畅的 IP 化道路，但是每本杰出的小说，都是应该被版权方当作重点 IP 去进行确权保护的，开发计划也应当有相应的准备。无论在什么时代，让好的作品得到重视，被更多人看到和喜欢，是 IP 开发者应有的责任。

（5）

既然本节聊了这样一部热血澎湃的小说，那么教练在荐书环节，要从记忆的深处挖出一部同样精彩的爽文分享给大家。那就是来自同时期的另一位“大神”血红所写的《升龙道》，希望你可以体会到不一样的世界和同样精彩的故事！

第二十一章　冥冥有道路难行：《道君》

（1）

本节我们要说的这部小说——《道君》，是一部文风扎实、风格清奇的修仙类小说。

这部小说的作者跃千愁，可以说是众多“大神”作者中比较低调的一位。他所写的故事逻辑完整、剧情严谨，有传说小说的功底。有些朋友觉得他的作品读起来费劲，不如一般的小白文爽快，然而老书虫却很喜欢他的小说，就像一块牛肉干，越嚼越有滋味。当读者静下心来，细细品味他小说中的对白、剧情转折或是人物走向这些细节的时候，都会有种恍然大悟的快感。

在教练的计划里，跃千愁有两部小说是会被写进书中的：一部是我们这里要说的《道君》，另一部是在读者圈中好评如潮的《飞天》。

咱们先说《道君》。我认为这部小说在当下修仙小说中算是故事结构最好的作品之一。在爽文当道、同质化严重的网文江湖中，能有这样的作品诞生也是极其难得的。咱们先不说作品的思想性有多么高，但至少这个故事经得起推敲，看完后也耐人寻味。

设定上，一个现代的盗墓宗师穿越到修真界，看似简单，其实包含了很多的可能性。简介中的“为义气争雄！为乱世争霸！你好，仙侠！”这几行字让我们看到了小说中广袤的篇幅和“霸气侧漏”的人物性格，又有种意味深长的感觉——大家可以去看一下，好的作者，光靠简介都能吸引读者入坑，这也是功力的体现。

（2）

因为《道君》刚完结不久，网文爱好者圈子里有深度、系统性的评价还不算很多。教练在这里挑了两位读者的评价同大家分享：

起点上有一位读者是这样评价《道君》的。他认为："这部小说是一部修炼升级偏少的权谋争霸文，而且还是少见的双穿文。穿越后遇到金手指这种老套路就不用赘言了。我认为它的亮点在于它是一部低武文，修士门派处于上层，有很多个国家，归属在各大门派，单对单肯定是在修士的控制之下，但是也不会出现一个修士灭杀一国的情况。所以这里拼的是智谋和权势！喜欢带点烧脑感觉的，一定不会错过这部小说。当然，《道君》也有不好的点，就是出现在主角身边的女人不一定就是女主。当然了，这是作者的老传统了，所以在这方面不要太期待。"

这位读者应该是跃千愁的老粉，很了解他的套路，对这部小说的评价也十分中肯。

另一位龙空的读者是这样写的："《道君》是很不错也很有特点的小说，因其特点鲜明，某种意义上说这部小说也特别挑读者，不对路的读者，不建议读这部小说。跃千愁，在江湖上别号'绿千愁'，甚至有人叫他'绿欠抽'，顾名思义，作者的文字里常有'绿帽'剧情，以至于引起了许多读者的愤怒。但客观来说，这只是作者在剧情创作上倾向于逻辑真实，也就是文青气息严重，喜欢逻辑经得起推敲的剧情。而这种剧情，按网文的术语，也就是'跪在真实'。

"其实这部小说是一部披着修仙皮的架空历史权谋文，它虽然是修仙世界，但按网文术语来说，只属于低武低魔世界。

"这部小说的优势，首先是文笔老辣。观其行文，明显能感觉出一股既在推敲剧情逻辑，也在推敲行文的无形脉络。其次，剧情常出人意料。主角前世毕竟不是军师谋士，而是混道士的道爷。所以，他更多是靠奇诡之策，完成一件又一件看似不可能完成的任务。在此过程中，主角对规则的利用，对人心的解离拆分，着实叫人叹为观止。一般人不在人心难测的圈子里摸爬滚打个十来年，根本不可能像主角那样将人心人性算计得死死的。”

对这位读者的评价，教练看了也深以为然。能够从细节剖析整本小说的精髓所在，这种功力在网文爱好者当中实属罕见。

（3）

听完了读者们的评价，又到了教练点评的环节。对这部小说，教练的评语是：“冥冥有道路难行，滚滚红尘觅归程。”

我读《道君》之前，恰好读了跃千愁的《飞天》。在我心里，难免会将二者做比较。我从《飞天》里，看到的是一股匹夫之勇和不断求索的精神，而《道君》所体现的，却是一份老谋深算和格格不入的隐忍。

《道君》的特点和跃千愁本人的写作风格完全吻合，作者那浓浓的文青气质也成了这部小说最大的特色。要说这部小说，我觉得好坏不是重点，有三怪不得不谈。

第一怪，低武叙事，千愁最爱。

很多朋友都说这是一部低武文，那么为什么要这样设定呢？低武设定的主要原因是为了不让个人实力太过于夸张从而影响整个剧情，因为一般爽文主角实力强悍到一定程度时，就不存在什么情节和剧情了，任何问题最后都会演变成武力的对决，这样的设定很可能导致后期剧情的崩坏，配角、势力、计谋等因素全都变得不重要，一切都靠拳头说话。这样固然会给读者酣畅淋漓的爽感，却没了故事本身的逻辑性和情节发展的意义。

所以我们看到了这样一个有趣而耐人寻味的故事。故事里有修仙门派和修炼法门，但是并不能够完全无视凡人的存在。修炼中人与凡俗世界也有着密切的关系，看似修仙门派高高在上，但其实凡间的一切是他们的根基。这样的世界里发生的故事更贴近我们的认知。牛有道的“道”也并非只是成仙之道，更是在这个未知世界里的生存之道，是始终不忘的回家之道。

第二怪，主角姓牛却牛不起来。

熟悉跃千愁的朋友知道，他的几部小说主角都化名牛某，前三部小说的主角都叫牛有德，我们看完全文也没发现此德非彼德，主角身上的德更是一种对生活的坚持，是一份初心的不改。《道君》的主角化名牛有道，这一次我们看到了主角为了在不熟悉的世界里求生、求存、求出路的谋生之道。

主角姓牛，而且大都有些小心眼，按理说这样的主角设定我们应该看到一个诙谐有趣、谈笑风生的“腹黑”主角，情节上“扮猪吃老虎”，越级打大怪，整个故事透露着一股网文专有的轻松和愉悦感。但是我们看了小说才发现完全不是这回事，跃千愁笔下的故事不仅没有这些轻松诙谐，相反还有些小小的压抑和烧脑。因为这姓牛的主角一点都不牛，刚到修仙世界就被老道临危授命，虽然传得一身功力和一件神器法宝，却发现功力只能帮助主角洗筋伐髓，完成筑基，想要一步登天那是痴心妄想；紧接着还没来得及体验美好生活就直接被软禁五年，你说这算是什么开场？这主角的命运也太坎坷了些吧！主角软禁期间学会了神秘功法，本以为能凭借此功法笑傲江湖，结果呢？这功法只能起到辅助作用，并且成长的速度实在让人无法忍耐。所以一路走下来我们发现，主角虽然身为修行中人，却如同凡人一般靠智慧，靠计谋，靠搏命，靠运气，修炼仿佛只给了他身份，却并没让他解决问题变得轻松，反倒给他添了不少来自修行界的麻烦。

那么这样的主角你会喜欢吗？很多朋友不喜欢，觉得憋屈，觉得看个网文怎么这么虐主，既然都修仙了，怎么还不能获得自在？但教练要说，这样的主角我喜欢，而且是真的喜欢。我们看惯了那种修行了就太上忘情的主角，看多了进入修行界就完全抛下凡人身份的主角，看多了成了达能后挥手便杀掉成千上万凡人的主角，我看到牛有道这样带着凡人思维在修仙世界挣扎的主角特别有亲切感。他虽然修炼法门，但依然是人，他也要面对我们需要面对的问题，他并没有太上忘情，而是中不忘初心。我想这就是为什么有些朋友说看跃千愁的小说很容易带入个人情感，看到情节起伏时，忍不住跟着落泪，又忍不住感慨万千。

所以跃千愁笔下的主角虽然姓牛，但却活得真实，在一个虚拟的世界虚拟的故事里活出了真实的模样，承载着我们真挚的感情。

第三怪，生老病死，世无常态。

跃千愁笔下的世界一点都不像网络小说的虚拟世界，简直就像是我们所处的现实世界。他写的故事也更像是真实发生过的某段历史，里面的剧情如天马行空，没有斧凿雕琢的痕迹，里面的人物也没有该死与不该死的边界，任我们再喜爱的角色，要死也一样死得彻底，不留半点念想。所以很多朋友非常恨跃千愁，恨不得给他寄刀片。然而这份生死无常却正如我们的世界，这份立意是贯通跃千愁笔下世界与我们真实世界的一个通道，让我们在那个故事里的世界看到自己所面对的问题，我们所经历的一切，小说中一切均为云烟，心中些许已成实感。

那么这部颇有争议的小说，得分如何呢？且听教练一一道来。

（4）

文学指数：9分

不管对这个故事喜欢与否，但看过的读者或许有看不下去的，却没有谁回头否定跃千愁的文笔。这部小说的世界观体系、故事结构、情节转折、文笔功底都属上乘，要说不足就是风格太过深刻，如果能稍加一缕别样元素，适当缓解情节的压抑感，会更加出彩。

脑洞指数：7.5分

其实这方面一直以来不能算跃千愁擅长，并不是说他的故事创新不够，而是他追求的强写实风格会让那些眼前一亮的创新点变得不够惊艳，所有一切都娓娓道来，入理入心，也波澜不惊。

IP 化指数：7.5分

这部小说是刚完结不久，授权动作还未启动，所以能看到的衍生内容目前还很少，但是我想这样一部特殊的作品，总归会有人看到它的价值所在。

（5）

《道君》目前能看到的衍生内容只有有声小说，所以教练认为，未来很长一段时间有声小说都将是网文第一优先的衍生内容，因为这两种形态的内容几乎是无缝衔接的，并且有声内容可以在一些特殊的场景下满足读者想要看小说的需求。所以有声一定会是网文 IP 化道路的第一站。

那么《道君》究竟适合什么形式的改编呢？从当下的政策约束和下游公司的开发喜好来看，我认为有几种可能：

游戏公司会来拿授权，但是能给出的费用有限，并且出精品游戏的可能性很低。从这方面来看，《道君》会有买家，但是大买家可能不会出现。影视公司因为受政策影响对古装题材、仙侠题材的采买力度会大大下降，并且因为修仙类题材涉及的特效很多，成本上不划算，再加上改编上难度过大，所以修仙类题材会是影视公司比较靠后的采买选择。从这方面来看，再结合《道君》过多的字数篇幅，影视公司来采买的可能性不高。

动漫的改编，教练认为大有可为。近几年国漫的崛起态势很好，但问题也很明显，就是动漫公司的作业流程和生产能力普遍不强，好的作品有，强的公司却很少，尤其在内容的创作能力上更是乏善可陈，所以我认为会有动漫公司希望和优秀的网文 IP 合作。而且这几年国漫的题材风格非常多元，有《镇魂街》这样的热血漫，也有《一人之下》这样的，更有《魔道祖师》这样的耽美漫，所以《道君》这样叙事能力很强、逻辑严谨的低武类修仙题材，我认为一定会有公司看上眼。当然更大的可能是阅文集团自己孵化打造，再用腾讯系的动漫发行平台发行，进一步完善自己全版权内容生态的步骤。

说了这么多，教练是真心希望好的题材能够遇上懂它的人，匠心打造，给我们带来更多好的内容。

（6）

那么本节给大家推荐一部什么样的作品呢？本节讲了一部看起来有点小压抑的小说，那么教练就给大家推荐一部另类的修仙文解解馋吧——来自烟雨江南的《尘缘》。这同样是一部不喜欢就完全看不进去的小说，当初我看了四次才忍着心里的别扭看完。说实话，到现在我都受不了开始那段我以为主角死了的情节。

第二十二章　星空牧羊化真龙：《逆鳞》

（1）

本节我们要说的这部小说——《逆鳞》，是都市“大神”作家柳下挥大胆尝试之作。有别于他的其他作品，这部小说是东方玄幻题材，而作者柳下挥，本是都市题材的“大神”级作者，他的每部作品都堪称都市类小说的经典之作；更加难得的是，他的每一部作品都能在都市题材中找到不同的创新方向。教练原本计划将他的几本都市代表作一起点评，但发现这样可能无法解读好其中的深意，所以我还是决定先挑出几部来和大家分享。

这本《逆鳞》是柳下挥众多经典当中争议最大的一部作品。其实从内容上讲，这部小说完全可以架设在一个异世界来铺开，但是作者依然选择了一个我们相对熟悉的世界去发酵这个故事。我想，一方面是作者还是希望把故事放在一个自己所习惯的世界里展开，另一方面也是想让东方玄幻的题材更加丰富。

值得一提的是，柳下挥其他都市类小说的主人公都是人族，而《逆鳞》的主人公因为一些奇遇，身份在人族和龙族之间徘徊不定：身为人族，他被同族残害，被逼之下以龙族的身份存活于世。这中间的曲折离奇，也是故事最精彩的地方。这部小说对人性险恶的描写也是非常露骨的，作者毫不避讳地将人族的内部斗争刻画出来，并借此呼吁团结，某种程度上说，也符合当下“人类命运共同体”

的主流思想。

（2）

众所周知，东方玄幻是所有题材当中最容易写，却最难写出精品的。因为世界观的设定都是以我们所生活的世界为原型，所以代入感普遍很强，读者也很容易就能进入到故事的节奏里；但是大多东方玄幻题材很难创新，写着写着就陷入了传统的套路当中，给人一种雷同和乏味的厌倦感。所以说都市文大多是爽文，而都市爽文能写得让人不生厌甚至还有些喜欢的，寥寥无几。

但是“大神”之所以成为“大神”，就是因为他们能做到别人做不到的事情。柳下挥的《逆鳞》，就被很多读者给予了高度的评价。

知乎上 ID 叫刘基业的读者说：“柳下挥的优势，也是他在都市文里赖以成名的能力，就是对情感戏的出色描写，对情节节奏的出色控制，人物塑造上的超强笔力。可是问题是，这种优势在玄幻文里面，恐怕就会稍显弱势了。

“诚恳地评价，《逆鳞》仍然算是粮草，有‘大神’级别的笔力做底，无论如何都不会太差。但是《逆鳞》离经典还有距离。我们可能要在老柳的第二部玄幻上才能看到真正经典的作品。而在此之外，老柳本人的写作态度更令人唏嘘。如今一天一更时而断更的状态，让人怀疑《逆鳞》有‘太监’的风险。”

追书神器网的一位读者是在完本后一口气读完这部小说的，他给的评价比起前面这位朋友要更高一些。他说：“这部小说，很多地方确实可能不符玄幻小白化的需求，里面的勾心斗角，利益相争，人物刻画着墨颇多，也很见功力，当然不是很多人喜欢看这些。人物刻画一向是老柳的强项，不是说其他的作者不好，是老柳在这方面花了更多笔力，主线人物都立了起来，没有谁过分脸谱化。这部小说是近来让我印象最深刻的作品，但它需要认真读，费力读，体味那些人性、阴谋、情感。”

（3）

和许多普通的网文爱好者一样，教练对《逆鳞》最初产生兴趣，也是源于小说的名字。记得我当时很期待，想：这部小说给我们讲的会是怎样一个星空牧羊的故事？看完全作后，我的感想可以用这么一句话来概括：“真情难负成追忆，星空牧羊化真龙。”

其实从整体上来说，《逆鳞》并不能说是一部传统的东方玄幻小说。大部分东方玄幻题材小说的着眼点，主要放在“玄幻”二字，所有的剧情、角色、立意，都围绕如何打造更离奇的玄幻故事来做文章，可是这样的故事总会在读者看完之后留下一阵空虚，在深度上略显不足。而本节我们说的这部《逆鳞》，它的特性很明显，如果单从东方玄幻来评估，并不能说是一部巅峰的作品，但是从一位都市文“大神”作者笔下写出这样的一个故事，在立意和情感上就多出了很多耐人寻味的东西。

一直以来，教练对柳下挥都是爱恨交加，爱多一些，恨少一些。因为他的小说总能让我们动情，却又伤情，这和他更新的速度以及习惯性的烂尾有很大的关系。这部《逆鳞》，我认为有两大惊喜，也有两大遗憾。

惊喜一，剧情曲折离奇，人性难说善恶。

看完整个故事，我们很难去把里面的角色单纯地归类到善恶之中。前半本让我恨得牙痒痒的宋家老祖宗，最后想想，也只是一个可悲的家族长辈；一心想要灭绝人类的黑龙，却是彻头彻尾的可怜虫。在人与人、人与龙、人与深渊的斗争中，没有谁是真正的胜者。而直到最后，当我们发现读者一直为之惋惜的陆家老爷子才是幕后黑手时，那种心情是很难用言语表达的，但是相信每一个人都能清晰地感受到主角李牧羊的肝肠寸断，这正是剧情的魅力所在。

惊喜二，相爱有圆有缺，但求此情无悔。

老柳的小说里最厉害的，就是明明写的是男频的爽文，却将情感刻画得比女频言情小说还要细腻。《逆鳞》或许从东方玄幻的角度来看还很稚嫩，但从故事的叙述，尤其是人物刻画、情感设计这些方面来看，堪称十分成熟。

随着剧情的发展，李牧羊逐渐成长，他在这个过程当中不只更加深刻地懂得了活着的意义，也在同三个女人的纠葛当中先后经历了自己的初恋，明白了什么是爱与付出，知道了当下和永恒的区别，最终大彻大悟，懂得了爱情的真谛所在。在现实中其实也是一样的，有些时候，因为一些无法抗争的原因，我们会和缘分擦肩而过，失去了长相厮守的资格，但像小说中所描述的那样真实存在过的感情，是不会泯灭的。相濡以沫，未若就要相忘于江湖!

然而这部小说在教练看来，终究还是留有遗憾的。

遗憾一，作者的文笔拯救不了后半段剧情的崩坏。

我们要承认这部小说看起来很享受，因为老柳的文笔真的够好，但是后半部分的情节真的让人不得不吐槽，到底是为了急着收尾，还是真的没有想好这个故事？教练看完全文，最大的感觉就是前半段是在原有的故事大纲下完成的，后半段应该是没有故事大纲，凭借着想到哪就写到哪的随性，写到实在写不下去的时候就草草收尾。所以后半段的剧情设计有太多不合理的部分，也存在着前后剧情不太衔接的问题。

遗憾二，这部玄幻题材的小说，其实并不够玄幻。

老柳确实还不太熟悉东方玄幻题材，尤其是修炼体系、技能招数、打斗环节这些方面的描写基本上在小说中是不存在的，不要说具象的写实，就连意识流的对抗都看得让人尴尬。所以老柳想要真正写好玄幻题材，我觉得他得在这部分加强设计和补充。

说了这么多，又到了本节的打分环节。

（4）

文学指数：9分

虽然这部小说的后半部分存在明显的硬伤，但是从文学性的角度来说，《逆鳞》依然是成熟的作品，柳下挥的“大神”位置也绝非浪得虚名。他的文笔和对情感的拿捏、人物的刻画，这些可以说在整个网文江湖中都是独树一帜的。很多读者也都表示，老柳那股骚在骨子里的文风让他们非常受用。当然了，这位摆明了闷骚的“大神”作家也很对教练的胃口，我也期待他能创作出更多优秀的作品。

脑洞指数：5分

在这方面，不得不说《逆鳞》做得太不出彩了，从玄幻小说的角度来看，它非但没有满足我对未知设定的期待，更没有什么出人意料的创新，至于世界观设定中的深渊一族，那是真真让我失望。

IP 化指数：6分

这部小说刚完本没多久，基本上也是没有什么改编内容的。但是在2016年，动漫游戏“金翼奖”上，《逆鳞》曾经好好地露了一回脸，斩获了“2016年度最具影响力 IP”大奖！所以，我们可以期待的是，未来一定会有内容团队买下《逆鳞》的授权，并对它进行开发。

教练觉得《逆鳞》的短板，在未来的 IP 开发上，可能刚好会成为改编上的亮点所在。因为这部小说的玄幻程度不深，所以它没有太多夸张的剧情，正是这一点，会让未来的改编变得容易很多。

（5）

本节我们说了老柳的《逆鳞》，那么教练就再推荐一部老柳的小说给大家——《火爆天王》，一个明星的成长故事，一个不那么传统的明星的故事！

第二十三章　以纹理镌刻历史：《黄金瞳》

（1）

本节我们要说的这部小说——《黄金瞳》，堪称网络小说中弘扬中华传统文化的扛鼎之作，更是鉴宝类小说的冠军。之所以说它弘扬传统，是因为这部小说的内核讲的是中华民族传承的精神，是我们所引以为傲的根脉文化。其实在东方玄幻类小说中，本应更早就能出现这样的作品，结果它们大都太过侧重玄幻和神鬼志异，盗墓等题材也基本是围绕盗墓展开的，关于文物和文物背后的文化传承，往往只是蜻蜓点水，一带而过。直到《黄金瞳》的出现，给了我们不一样的视角，去重新认识那些尘封在历史中的文物。在这部小说中读者会发现，这些文物不只是祖先留给我们的物质财富，更是中华五千年历史的见证者。

打眼这位“大神”作家对于传统文化情有独钟，他的几部代表作《天才相师》《宝鉴》《神藏》，都与中华文化有关。这位作家的写作风格也很扎实，喜欢言之有物，在创作过程中也常不忘坚持学习，时刻关注与所写故事相关的知识。他的故事合理性上都做得很好，故事也不单单只是剧情好看，是有知识底蕴、有理有据的文学佳作。

《黄金瞳》的故事叙述不疾不徐，围绕着主人公庄睿的成长，从一个又一个小事件，逐步铺开整个故事。这种叙事让读者阅读起来轻松，不会觉得晦涩，也不会因为内容太满而感到疲惫。总的来说，作为打眼的出道之作，这部小说很值得一看。

（2）

当然了，这部小说归根到底还是一部都市爽文，所以剧情的发展、人物性格的塑造以及一些套路，还是有很多漏洞的。对于这样的小说，网络上的评价自然也是众说纷纭。下面教练找了几个不同角度的评价给大家分享。

一位来自豆瓣的读者对小说整体上持否定态度："小说主角太过'开挂'，一路好运，只有跟主角亲近的自己人能不断地分到羹，一人得道鸡犬升天。里面的古董、历史和行业知识也还有点看头。我属于外行，看个热闹也挺开心。但是人物交往的情节很松散，有些对话和场景偏废话了些，不如好好写写主干故事，或者干脆写成架空背景，不要描写那么多地方风物。"

还有一位优书网的朋友的评价概括性比较强，他说："这是打眼的成名作，最好的古玩类小说。它简单明了地向我们展示了各类古玩的行业知识，主角在金手指的帮助下和别人走遍全国鉴宝、赌石。爽点也比较多。缺点是女主存在感不是很强，感情描写不好。"

凤凰网的一位读者，他的评论是教练找到的最细致的一条。他这样写道："《黄金瞳》，科普给力的都市鉴宝类爽白文。除开《古董局中局》，鉴宝类网文当然是首推《黄金瞳》，当年熬夜追更的作品，如今也被改编成电视剧，这类电视剧的成品质量嘛，不用期待太高，即便是和同类《古董局中局》电视剧成品的质量相比，差距也是非常明显的，不过无聊打发时间还是不错。作为一部网文鉴宝类作品，《黄金瞳》整体构思是爽白向的，所以并不是什么非看不可的神作，现在回头看毒点真不少，而且写到后期越发的玄幻。但量大管饱，文笔在同类中还算不错，各种各样的赌石、古玩知识科普也让人眼前一亮，如果没看过这类小说的话，《黄金瞳》是很好的入门级网文。个人认为小说比电视剧好很多。"

这几位读者的评价，估计也就涵盖了绝大多数看过《黄金瞳》的读者对这部小说的看法。至于那些没有读过《黄金瞳》的朋友，相信也一定对这部作品产生了好奇。那么这到底是怎样的一部小说？小说里面是否有值得你看的要素？这部小说里又藏着哪些IP开发的秘密呢？且听教练一一道来。

（3）

首先教练要说，这是一部题材很新颖的小说，当时教练也是细细地看完了全文，里面各种丰富的风物志以及文玩知识，正是我所喜欢的。我认为，这部小说可以说是“以纹理镌刻历史，用词句谱写传承”。

如果你没有看过鉴宝类题材的话，《黄金瞳》是非常值得一看的，尤其是那些对中国传统文化和文物宝贝特别感兴趣的朋友，在这部小说里既可以看到各种新鲜离奇的故事，更能学到文物古董方面的知识，可谓是一举两得。当然了，如果您对这类题材特别不感冒，觉得枯燥无味，那就可以绕道了。

纵观整部小说，我认为可以用“三高二平”来概述它。

高，首先是立意高。

近些年，能把东方文化刻画得极其精彩的网络小说其实也有不少，然而真正对中国传统文化做正面描写的，少之又少。在这寥寥无几的范围里，能够将娱乐性和专业性巧妙结合的，《黄金瞳》当属其一。据教练所知，其他小说中，能将故事与传统文化结合得如此完美的，就只有知名作家苏曼凌所写的《京杭之恋》。很巧合的是，两部小说都是都市题材，并且都被影视公司一眼相中，所以不得不说，这类题材在改编价值上就高人一等！有正在创作网文或者是有想法的朋友，可以重点关注这个方向。

第二高，是门槛高。

不管网上怎么给《黄金瞳》挑刺，不得不承认这类小说还真不是一般人能写好的。首先，作者要有都市小说的驾驭能力，其次又要在古董文玩的知识方面有一定的基础，并且还要有针对性学习、恶补需要用到的知识点。毕竟这样的题材要么只能避重就轻，不写得太深，要么乱写，但很容易被打脸。所以，想要保证故事的完整，又要兼顾知识性，确实是有一定创作难度的。

这第三高，是价值高。

这部小说的综合价值毋庸置疑是很高的。首先它在改编上备受开发者青睐，因为这样的题材符合当下的政策方向，在发行上会有一定的优势。其次，这部小说的内容很好做一些 IP 衍生品的开发，对于营销活动的开展也很友好，商业价值是在开发之前就可以预见的。最后，这部小说讲的是中国的宝贝和那些文物背后的源远流长的中华文化，这样的题材向海外输出时，是中国文化“走出去”的有力证明。

说完好的地方，我们再说不足之处。

第一平，剧情平。

单纯从都市小说的角度来看，这部小说整个看下来就是平平的，剧情基本上没太大的起伏，也没有太多的转折和惊喜。主人公一路好运，一路横扫，这样的故事固然看着很爽，但是没有起伏就意味着读者少了心理上的波动和对下一步剧情的好奇。所以在阅读体验上，《黄金瞳》做得并不算好，尤其是剧情进入到后半段时，主人公的实力有一些崩坏，太过奇幻，也太过强悍，当剧情没有挑战性的时候，故事的精彩程度自然也就降低不少。

第二平，感情平。

感情戏这一部分或许是作者有意为之吧！给人的感觉总是平平淡淡的，要不就少了些曲折，要么就少了些浪漫。直白点说，小说中少了太多感情线推进时应该发生的事情，整个故事是被剧情推着走了，但也少了些人物本身的思考和对人物的聚焦刻画。其实教练觉得，如果作者足够有心，小说里面的人物性格是可以再丰富一些，人物之间的纠葛也是可以再复杂一些的。

总的说来，这毕竟是打眼的第一部小说，在写作本身的功力上还是稍显欠缺，在整个故事的打造上也不能说很精彩，只能说是一部中规中矩的都市小说。但是这部小说胜在文物古董方面的元素，让整个故事加分很多。

（4）

文学指数：7分

刚才我们也说了，这部小说的故事从专业角度来评价并不能算是文学素养很高的一部作品，尤其是在剧情、人物方面没出彩的地方。但是整个故事看下来，作者的文笔厚实，剧情的拿捏到位，所以教练认为文学方面值得7分。

脑洞指数：9分

这部小说是都市题材，所以在世界观方面不可能有太大的创新空间。但是难能可贵的是，打眼在创作这个故事时，并没有简单地给主角设定一个金手指就开始意淫，而是选了古董文玩作为核心主线，然后又从这些物件上将故事带入中国传统文化的历史传承，让整个故事的格局瞬间扩大了很多。这样的故事结构和选题出发点很好，作者的创作初心也高人一等，能想到从这个角度去破题，教练认为当得起9分。

IP 化指数：9分

前面教练就一直提到这部小说，或者说这类型的题材在改编上有很大的优势，所以 IP 化开发也确实成绩斐然，最后教练给出9分，关于 IP 开发部分的详情，且听教练详细说来。

（5）

说到 IP 开发，这部小说最值得一提，也是最具争议的，就是电视剧的改编作品。

2018年，爱奇艺与腾讯影业联合出品的电视剧《黄金瞳》播出，随后又在几个电视台播出。主演是当红“小鲜肉”张艺兴，整个剧集的幕后团队也是高手云集。可是一经播出，豆瓣评分却直线下降。到底这部电视剧是不是一部好电视剧？评分爆炸到底是改编的问题，还是说是 IP 本身的问题？

其实这部电视剧，教练看了有十多集吧，单纯从电视剧本身来讲并不算很差，和原著对比的话，电视剧的剧情推进确实是快了很多。不过考虑到原著的篇幅太大，如果真的要按照原著里的剧情慢慢演绎，可能一百集也拍不完整个故事，所以这样的加速是可以理解的，这也是影视剧改编常用的一种办法。

除了大众熟知的电视剧，《黄金瞳》的漫画也在爱奇艺漫画同步连载，并且成绩不错。我们可以看出，选择一个合适的题材，在不同的内容领域都会有很好的市场反馈。

电影方面，目前教练没有听到过《黄金瞳》的电影开发计划，但是相信只要有足够的市场期待值，电影的开发应该也是很有可能的。

而且从目前的开发来看，教练认为这部小说应该是爱奇艺全版权计划中的一次重要尝试。如果爱奇艺能够从中获得市场和口碑的双丰收，应该会更加坚定他们全版权开发计划的推进。

（6）

说到这儿，本节的书评就到此告一段落吧！又到了推荐好书的环节，如果有喜欢这类型都市小说的朋友，教练推荐大家看看同一作者的《天才相师》。虽然也是打眼的作品，但是这里面的剧情变化性多了很多，主角的性格也鲜明很多。如果您希望看点不一样风格的都市小说，那么教练推荐《陈二狗的妖孽人生》，来自烽火戏诸侯，味道是绝对不一样的，但是读之前要考虑好，是否承受得住烂尾的结局。

第二十四章　修仙者不惧凡种：《太初》

（1）

本节我们要说的这部小说——《太初》，是一部说新不新的作品，也是一部饱受争议的作品。小说从在起点上架开始，就有很多朋友质疑它的成绩。本节教练在这里讲这部小说，既不是辟谣，也不是声讨，只是想从客观的角度，说说这部小说的优缺点。

这部小说的缺点的确很明显，但要说其一无是处，也未免有些偏颇。整个故事看下来，你会发现，小说中的很多部分还是很能打动人心的，一些我们觉得是常用的套路，细品下来却能咂摸出不一样的味道。这一丝不同，教练认为，恰好就是作者对于修仙二字不同理解的体现。记得在最开始看这部小说的时候，很多章节的结尾处都有作者自己附上的话，高楼大厦说，《太初》是他付出很多心血打造的故事，也是他酝酿多年想要讲给大家听的、他对于修仙的认知。我认为，他做到了。

再来说说作者高楼大厦，生于1980年，这个年纪在网文江湖里算是老炮了。他2006年写了第一部小说《僵尸医生》，后面接连创作多部网络小说，也算是高产的作者。他以前的作品《貌似高手在异界》《寂灭天骄》等，大部分都是爽文，所以也有读者评价说，他和骷髅精灵是网文中最擅长写爽文的两位作者。回过头来看《太初》，你会发现，和他以往的作品还是有很多不同之处的。《太初》比之以往立意更深，在人物的刻画上用心得多，整个故事也深沉很多。

（2）

说到网上的风评，《太初》可以说是教练选择的作品中最热闹的。因为这部小说的连载过程，基本上就是读者对它不断批判的过程。

百度百家上有读者这样写道："以前笔者也谈过，就是再具有娱乐性质的网络小说，也同样是具有主题的。而《太初》这部小说的主题，表面上就是记述一个修真者的故事，实际上作者高楼大厦是在通过这个故事，表达一种反抗命运的主题。本来小说中说的修真就是一种逆天而行之事，但是主角秦浩轩尽管资质平庸，依然坚持如此，也正是一种对命运的不屈服，信奉人定胜天之理念，这应该算是《太初》这部小说的最终主题了，值得我们读者深思。

"《太初》这部小说，到目前为止，确实还看不出比以往的仙侠修真小说有哪些高明之处，但是也正说明了这部仙侠修真小说的中规中矩。阅读《太初》也确实能够感受到仙侠修真小说的那种氛围，还有那种逆天而行，人定胜天的理念。或许正是中规中矩，《太初》才能在众多仙侠小说中脱颖而出吧！"

这条评价，教练觉得算是不偏不倚，比较客观，也指出了这部小说的问题所在。在网上如潮般的批评声中，算是对高楼大厦非常友好的了。

而这位来自优书网的读者，言辞就犀利很多了。他写道："《太初》，个人觉得是很干的干粮。主要是剧情设定和套路都太老了，简单说就是老作者跟不上时代的老套路修仙文。开篇几章其实也还行，可进门派就基本上是十年前的打脸套路、十年前的修仙设定了。类似仙根、灵根的设定，只不过叫种不叫根罢了。最恶俗的就是门派里所有人嘴上动不动就说着你什么种他什么种这种话，然后找打脸，太俗套的套路了，实在看不上。抛开这些俗套的设定和套路，不管是剧情还是文笔，配角也都是很老套很浮夸的那种，不管是反面配角，还是正面配角，都没啥让我觉得吸引人的。”

这条评价可以说非常不留情面，基本就等于把这部小说扔进垃圾桶了。那《太初》到底是不是真的这么差呢？别急着下结论，听听教练对它的看法。

（3）

在读这部小说的时候，我其实是感慨颇多的。从最开始对《太初》的猜测，到最后对《太初》的感动，这些情感用一句话来概括的话，应当是“修仙者不惧凡种，太初人生死相依”。

首先，教练想说说关于“套路”的问题。很多读者都觉得，这部小说就是老套路嘛！主角先是不被看好，然后“逆袭吊打”，“扮猪吃老虎”，一路横扫，无限刷副本，最后成功飞升，拯救世界。我觉得，这个问题我们可能要分两个层面来看。

首先，《太初》的故事看似是按照老套的发展在走的，然而这并不是作者最想传达的精神。纵观整部小说，我们能看到两条精神主线，一个是主角在诠释的“王侯将相，宁有种乎”，是否仙种就决定了修仙的一切？虽然各种势力的纷争、宗门的利益都是围绕这个仙种展开的，但是在剧情的发展过程中，我们会慢慢被不甘于命运的秦浩轩所打动，被太初的长辈们逐渐改变的观念所触动。虽然灵种是这个世界根深蒂固的认知，然而在主角的努力下，还是让一部分人从心里做出了改变，以至于黄龙真人最后说道，要是早些培养秦浩轩该多好！里面的角色虽然仍在嘴硬，但打心眼里对秦浩轩这个凡种都已经足够重视，并且默默地开始打破原有的仙种决定修仙实力的认知。这一切改变，都离不开主角的努力，这种润物细无声的变化，也比普通爽文中的直接碾压，在境界上要高出了一层。

另一个层面就是，整部小说都是围绕着太初教派来叙事的。在别的修仙故事里，往往都是在讲述主角的成长，而《太初》这个故事不一样，它讲述的是一个门派的成长。这中间最感人的，就是同门之间的羁绊。当然了，羁绊这种东西在网文里也确实是很老套的，但是不可否认它的实用。日本热血漫画把这个桥段用了几十年，直到今天羁绊依然是主流动漫的核心价值观。因为只要是这类题材的故事，主人公在成长的路上就注定有太多的坎坷和困难，而在这条路上能给他最多陪伴的，一定是一路同行的伙伴，这个团队为了目标共同努力拼搏的故事，也一定是小说中最精彩的部分。所以虽然这是个很老很老的套路，但是每每出现依然能打动人心，归根结底就是因为，真正美好的事情，无论重复出现多少次，都值得被读者期待！

然后要说的，当然是这部作品避不开的那些争议。其实关于高楼大厦的一些行为，教练也不知道该怎么说他好。气愤吧，肯定是有的，但更多的是遗憾。

对这部小说的批评主要是刷票和删评论。其实这种事情在网文平台上不止一次出现。作者和读者之间的关系，一直是很微妙的，作者需要有读者，却又惧怕读者的毒舌给自己带来的心理压力；读者喜欢好的作者的作品，却又容忍不了作者的敷衍。其实归根结底，问题还是规则的不健全，以及物欲横流的风气，导致本应简单的人际关系变得复杂了。关于这些问题，教练也有过愤怒，但更多的是愤怒后的失望和无奈。读者固然是希望优秀的作者能够在自己的支持下脱颖而出，但是他们更希望这些被捧到台前的作者，不要在功成名就之后，忘记了当初创作的本心。当然了，所谓"求仁得仁"，对于有些作者而言，既然一开始就是为了赚钱来的，那就不要怕承担读者的批判和指责，因为这也是这份工作不可避免的一部分；要是想不被人戳脊梁骨，想体现出自己的创作理念，那么很简单，请你拿优秀的作品说话，相信群众的眼睛还是雪亮的，更何况是网文这样一个竞争一直很激烈的领域，靠实力说话在这儿总还是有道理的。

（4）

文学指数：8分

在我看来,《太初》当然不能算是修仙小说的巅峰，但是它也有自己独特的味道。别的小说讲的是大道之道，玄之又玄，讲的是主角一路升级，成长为仙。但是这些小说里的修仙世界，要么太过虚幻，要么太过程序化，就像RPG游戏（角色扮演游戏），打怪升级、换地图、换副本，很程序化。而《太初》的修仙世界就不一样了，它很有社会感。要是按照其他修仙小说的发展过程，写到一千章左右，想必主角的门派已经换了几个，身边的配角也都换了几批了吧。然而《太初》不一样，门派就是主角的家，主角不会因为实力的提升就改换门庭，配角的成长速度也跟得上主角。一路看下来我们发现，主角的性格被塑造得很完整，他不是单纯升级的机器，实力强了就抛弃好友、抛弃门派、抛弃一切曾经的过往。我看《太初》时会很投入，因为这个故事从头至尾是很连贯的。

咱们再来说说小说里的配角。有读者说小说的配角没特点，很套路。诚然，从刻画、台词和性格这些角度来看，觉得配角不够突出是合情合理的，但是细细想来，这些角色的故事真的都是套路吗？不是的，这里面的每个角色都有其独特的思想性，每个角色也都是耐人寻味的。黄龙掌教一生潇洒，也死得从容；赤练子的转变、张狂的本性等等。而且这些角色有一点共同之处，就是性格虽然各有优劣，但在门派的大是大非上，却都能保有同样的价值观。

其实这部小说从立意、叙事、文笔上来说还是不错的，综合水平中上，但是考虑到故事本身不算非常出色，所以8分教练觉得已经是最高的评分了。

脑洞指数：6分

这部小说的创新性在我看来是比较差的，因为没有太大的惊喜，所以谈不上脑洞大开，就给6分吧。

IP 化指数：不评分

因为这部小说是已出版，所以关于 IP 这部分我就不予点评了。

其实严格意义上来说，我们所看到的《太初》网络小说本身就是化龙帝仙这本传统出版物的网络衍生出版物，所以对于目前在网络上还在连载并且未完结的《太初》而言，未来会不会有 IP 开发的计划还很难说。就像我们之前说到的那些同类型作品一样，这样的故事并不具备市场性，古装剧集当下在改编和播放上也存在很明显限制。所以即便《太初》是一部正儿八经的网络小说，但它的 IP 开发教练也是不看好的。

（5）

长话短说，进入到我们的推荐环节。这里教练想给大家推荐一部萧瑾瑜所写的经典修仙小说《符皇》。这部小说的世界观体系完整，热血澎湃，属于不错的修仙爽文，有喜欢修仙题材的朋友值得一看。

第二十五章　山海经中寻青丘：《三生三世枕上书》

（1）

本节我们说的这部小说——《三生三世枕上书》，它所属的三生三世系列，可以说是近两年最为炙手可热的 IP 作品之一。小说本身就是女频领域的杰出作品，改编的电视剧《三生三世十里桃花》更是创下收视神话。小说的故事可以说是典型的女频小说模式，而作者唐七也是自我风格非常突出的一位成熟作家，她的小说大多有相似角色和交错的故事线，主要角色之间的感情关系简洁明快，性格描写细腻，爱恨情仇的情绪渲染很浓烈，可以说是难得的爱情故事佳作。

近些年自从网络文学热度不断上升，无论是在线阅读，还是影视剧改编都备受关注，尤其是女频小说，在改编影视剧上有很多成功的案例，从《宫》《步步惊心》《微微一笑很倾城》，到《三生三世》《扶摇》等，都取得了不错的成绩，可以看出女频小说因为特性更受影视剧市场欢迎，改编的成功率也相比男频小说要高一些。

2017年《三生三世十里桃花》电视剧播出，取得了非常出彩的成绩，而其系列 IP 的第二部《三生三世枕上书》也在2019年下半年播出，那么这个故事到底有哪些值得我们期待的优点呢？和《十里桃花》比起来又有哪些不一样的惊喜？下面教练带着大家一起深度解读这部知名小说。

（2）

这部小说是出版物，上下两册，分别是2012年和2013年出版，到现在已经有挺长的一段时间了，所以网友对这部小说的评价还是比较多的。再加上这是系列作品，难免会被拿来和前作《十里桃花》作比较，所以评价也口碑不一，有喜欢的，也有不满意的。在这里教练挑了几位老读者的评价分享给大家。

来自百度贴吧的读者这样说道："看《枕上书》的时候，我们很容易觉得，凤九就是个活泼可爱讨人喜欢的小姑娘，时而机灵时而呆萌，而潜藏在文字之下还有更让我们钦佩的特质：洒脱、自然，不矫揉造作，因此在小说中，凤九的人缘是相当好的，讨喜的人物跟她都有不错的交情，但是并不觉得突兀。而东华，我们很容易被他的'腹黑'属性吸引，但是谁会忘记那一句不需要天命施舍的豪言？所以喜欢《枕上书》的孩子们，谁又觉得他们不般配呢？"

来自豆瓣的读者的评价就稍显犀利："作者在语言上依然想走冷幽默的风格，可惜只冷，不幽默，没有诙谐隽永，只有拖沓絮叨，一部小说写完都没铺开多少故事情节。男主角依旧冷，女主角依旧神经粗，可惜东华帝君冷得都有点木了，完全没有夜华那种俊美凌厉、爱恨决绝的风采；凤九不仅神经粗，都'二'了，只差一步就可以装疯卖傻了。作为唐七一直以来的读者，我只希望，他不要再让下一部小说成为一部只是封面比较好看的小说。"

另外一位来自豆瓣的读者的评价就更加细致专业："很多人应该在看唐七的小说前都一定看过类似的仙侠小说以及神话小说，很少找出像唐七这样文辞如水的。不得不说，非常好，故事起伏虽不大，可是看着却很舒服。说一点唐七值得学习的地方，就是她将人物雕琢得很细致，而且她还擅长用冷笑话来支撑读者阅读兴趣。如果说败笔，自然而然是《枕上书》。《枕上书》最大的败笔是凤九回忆以前和东华生活在一起的事情，前边没什么，到末尾的时候我就有点看不明白了，很乱很乱，让我接不上，微微看不懂。后来我才发现《枕上书》里不止一处是这样，很多处都是这样，乱麻麻的结构，接不上来。”

从不同读者的评价来看，大家首先是喜欢唐七的文字的，然而唐七强烈的自我风格既是成就她的长板，也是久而久之大家感到审美疲劳的瓶颈。那么从更多维度来看这部小说，会有哪些观点呢？且听曹教练一一道来。

（3）

对这部小说而言，教练愿意送上一句“三生三世情路幽，山海经中寻青丘”。

关于这部小说教练总结了一源，二美，三憾。

一源，故事源头有深意。

喜欢三生三世系列故事的朋友们应该都知道，这个故事的世界观借鉴了《山海经》的素材。青丘之国源自《山海经》，其上有如下记载：“又东三百里，曰青丘之山，其阳多玉，其阴多青䨼。有兽焉，其状如狐而九尾，其音如婴儿，能食人，食者不蛊。”从这里我们能看出，最早提出青丘之地和九尾狐的正是《山海经》。虽然我们如今并不知道这座青丘之山到底在哪里，又或是如今的哪里，但是这样的取材起源让三生三世的整个故事似真似假，添了一份神秘感。

二美，美在窈窕淑女，君子好逑；美在大千世界，美轮美奂。

很多读者喜欢这部小说的最大原因就是里面角色塑造得很美，从精雕细琢的形象特征到坚定而强大的内心世界，每个角色都有各自的特点，所以读者往往对里面的角色喜欢得无法自拔。

里面的爱情很美，三生三世的感情故事都很曲折，然而虽被命运几番捉弄，有情人依然结成眷属。虽然故事里的情节逻辑多少存在瑕疵，但谁的心里不羡慕这样美好的爱情？这就像每个人对爱情的憧憬和对生活的那份善意的期待。

唐七的文笔在女频作家当中算中上等，尤其对于山川大河、亭台楼阁的描写更是细腻而自然，在阅读整个故事的过程中仿佛亲身欣赏到这些美景美物，一份深深的感动油然而生。

三憾，角色重叠性强，审美容易疲劳；故事逻辑性一般，后期略微崩坏；深刻性不够，缺少突出的记忆点。

其实看多了唐七小说的朋友会有一种感觉，就是她总喜欢那几种性格的角色打造，男主大多高冷“腹黑”，女角统统真善美。这样的性格特征作为一部女频小说的主角是很合适，然而当在不同故事和剧情中反复出现这样的角色，就会让人感到乏味。

《枕上书》的故事相比较《十里桃花》而言，显得过于单薄。东华的性格有特征却不突出，身为主角存在感不强，而且并不太讨人喜欢。凤九天真可爱，却偶尔刻画得过于低幼，有时的描写太过刻意。而整个故事依然是唐七习惯用的叙事中穿插回忆，不断切换故事进程，但是因为整个内容的不够丰富，导致阅读体验感不够好。

《枕上书》从大的情节上而言设计得颇为曲折，但是通篇看下来，真正能让人记忆深刻的桥段属实不多。而人物方面，刻画得太过刻意，不够自然，尤其两位主角的性格特征应该从单点做主要突出。

其实整体看来这是一部成熟的女频小说，却不能说是一部惊才绝艳的作品，成就《枕上书》的是三生三世系列的粉丝效应，然而从某种程度上来说，三生三世这一大 IP 也成了《枕上书》这部小说的天花板。那么接下来就让我们一起看看这部小说的打分情况。

（4）

文学指数：7.5分

整个三生三世系列的文学指数我认为在8分以上，但是这部《枕上书》却只能打7.5分，因为故事逻辑性实在一般，人物的塑造、心理刻画也不够出彩。

脑洞指数：8分

枕上书作为系列IP的第二部，其实在脑洞方面可发挥的空间本就有限，所以这里我是从整个三生三世的世界观来评价脑洞指数。我们都知道一般女频小说因为其受众的特殊性，所以往往世界观和故事层面都不会太过复杂，而在人物塑造和人物关系上多做文章。三生三世在女频小说当中算得上脑洞非常好的一部，首先是大的仙侠世界设定，然后是各种族和神仙司职，再到主要矛盾、规则设计都很巧妙，也有很多独创的亮点。

IP化指数：9分

三生三世系列的IP化开发是非常成功的，那么这份成功背后的秘密是什么？且听教练细细道来。

（5）

在说《枕上书》之前，我们不得不先讲讲《三生三世十里桃花》。桃花的第一个IP开发项目就是电视剧，2017年1月30日在东方卫视、浙江卫视播出。这部电视剧的开发可谓是顶级团队的倾力之作，电视剧由国内电视剧领域的头部公司华策影视和杨幂的嘉行共同出品，可以说制作团队启用了华策的一线制作阵容，演员部分更是让杨幂带领的嘉行公司艺人几乎全员出动，是2017年最火爆的电视剧作品，播出期间创下多个收视神话，也分别获得上海电视节白玉兰奖、2016至2017年度最有价值电视剧等多项殊荣。可以说《三生三世十里桃花》创下了网络文学改编电视剧的辉煌纪录。

值得一提的是，整部剧除了剧情、故事、演绎等主要部分以外，其他相关的细节也花了很大的心思，电视剧的服化道、妆容、置景都极其精致，就连主题曲和音乐部分都非常用心。

同年上映的电影版因为在现象级IP的粉丝效应下也取得了五亿多的成绩。

除了这些内容上的成就，《三生三世十里桃花》开创出的多样化以及更开放式的商务合作模式，也为影视剧商业植入和IP授权摸索出新的玩法，甚至是新的出路。

2019年上映的《枕上书》，由原班人马完成，新的故事主角是东华帝君和凤九，这两个人物本身就通过《十里桃花》的演绎而积累了非常多的粉丝，观众也对他们的角色并不陌生，而且《十里桃花》的主角也会在《枕上书》的故事里客串，再加上三生三世整个系列IP的赋能，《枕上书》的成绩不差。

（6）

在赏析部分的最后，教练难得的给大家讲了一部女频仙侠类小说，那么也顺理成章地给大家再推荐一部女频小说，来自希行的《君九龄》。

番外一　怎样培养你的创作天赋

这些年来，中国的文娱行业以飞快的速度追赶着世界一流的水平，而我们的内容本身就是从财经和专业的角度，解读文娱市场中不同内容和不同现象背后的IP价值。第一季内容选择网络文学，也是教练的一些私心，希望能够先讲一讲这块中国独一无二的文娱市场。网络文学是中国特有的文娱内容生态板块，全世界很多国家的用户在看到中国网文后也表现出浓厚的兴趣，那么我们的内容就从这里开始。

然而聊了这么多作品，除了和大家一起分析作品本身的魅力以及衍生的价值外，也想和大家聊聊关于网络文学的那份初心。其实说到这个行业的未来，我认为最关键的环节还在于原创力量的培养，毕竟随着行业体量的增长，我们需要更多更好的内容出现，而这些内容背后的生产力量就是原创作者，需要有更多热爱文学，喜欢创作的人加入到原创的阵营中，才会让整个市场大且强地发展。其实现在的网文市场有些不太好的现象，或许因为平台的推荐机制，或许因为用户的从众心理，很多作者都习惯于跟风热门题材，当下最火的选题、最热门的故事、最受欢迎的风格，这都成为其他作者去模仿或借鉴的标的。用他山之石是值得肯定的，但是题材的扎堆和过度雷同却不并能让这个行业变得更好，短时间内是可以收获一些直接利益，但是从长远来看，我们还是需要更多经过严谨思考的优秀作品，也更加需要打破现有格局的大胆创新之作。

所以原创是整个内容行业最关键的力量，也是未来决定中国文化能否在世界舞台上取得更大成绩的内核。那么既然说到这里，教练也想从自己多年在这个领域从业、研究和授课的经验中分享一些关于如何培养创作天赋的心得，希望能够给那些内心有故事想讲，对生活充满无穷乐趣的朋友一点点的启发。

做一个热爱生活的人

我们常说做某一件专业的事情，想要做得好是需要一定的天赋的，那么写作的天赋是否也是天生，那么是否意味着并不是所有人都适合做这件事情？其实在教练看来，关于写作的天赋更像是我们每个人都具备的一项基础能力的延伸，这种根源能力潜伏在我们的身体内，平时以不同的基础能力表现出来，当我们把这些基础能力通过一定的整合合并在一起时，就会变成我们创作的原动力。

我们小学的时候，第一次接触写作应该是看图写话。那时候我们在一张图里发现不同的元素，人，事，物，他们做的事情，然后写下一段话来描述这幅画的内容，那个过程其实就是在锻炼我们对于写作这件事情的一种程序养成。就如我刚才所说，通过这样的尝试把我们的某些根源的能力通过一定的规则组合起来，就变成了我们写作的基础能力。其实这个过程锻炼的就是我们最初的写作天赋，当然在这个过程中有一个最重要的环节，而这个环节往往决定了我们后来很长一段时间的写作能力。这个重要的环节就是培养我们去发现生活和热爱生活的态度。

可能说到这里有的朋友会说，每个人都热爱生活啊，而且热爱生活和写作有什么关系？这里教练要说，热爱生活或许是我们每个人内心最本质的情感，但是在我们成长的路上，有时我们会因为很多事情而忽略掉生活本身，想想小时候我们对这个世界的好奇心，时至今日我们是否还有？为什么孩子眼中的世界充满新奇，他们笔下的生活也充满乐趣？在孩童时期老师对孩子们的写作兴趣的培养是非常关键的，这个时候不应该只教孩子如何用词语、标点符号，如何分段，而是应该引导孩子去发现生活中美好的细节，去观察身边那些值得我们学习的人，去在现实和想象的边界写下自己心中的故事。

当你开始习惯于观察生活，对新鲜的事物保有一份善意的好奇，去静下心想想那些表象背后的真相，你就会希望把这过程中的一部分有意义的事情记录下来，这就是你开始写作的原动力。所以当我们的情感超出生活的边界之外，能承载我们内心向往的就是笔下的文字和每一个我们所创作的故事。

人们常说艺术源于生活而高于生活，好的文学作品同样应该来源于每段看似平凡的生活，但正是这些如细水般流淌而过的日子，带走我们所有的此生不渝，也带来我们所期待的不期而遇。

在这里，教练祝愿每位朋友都是生活里的幸运儿，在热爱生活的同时也愿意用文字记录下生活给自己的眷顾。

善待自己那些“没用”的兴趣

在成长的道路上，生活给予了我们很多的乐趣，在这些不同的乐趣中我们产生了各种不同类型不同方向的兴趣，而“兴趣”往往会陪伴我们一生的时光。我们也会因为一些更重要的事情暂时放下某些兴趣，或是改换新的兴趣，然而什么兴趣都没有的人生必然是无聊且乏味的。

我们经常会觉得有些兴趣是“没用”的，因为那些兴趣看似对我们做的事情没什么实际的帮助，甚至有时候我们会为自己的一些兴趣冠上玩物丧志的标签，那么这些兴趣帮不到我们吗？或者说真的一无是处？教练认为，非也！

今天我们所处的环境和多年前已经有了很大的不同，以前大家都是按照几乎同样的方向去成长和发展，大部分人按照同样的轨迹完成自己的人生，但是今天的经济环境给每个人提供了更个性的发展机会，每个人都可以靠自己的努力去活出自己的价值。那么兴趣是什么？兴趣是我们能够以一个积极良好的状态去深度学习和钻研的动力，就如同我们常常感叹，如果我们的事业和我们的兴趣是一致的，那会是多么幸福的一件事情！因为当我们在做兴趣相关的事情，这过程中所有的努力和艰辛都是美好的体验。

再说回我们关于写作的事情。创作一个故事，其实很多时候我们感觉无从下笔，但大部分好的故事都是从自己身上诞生的，可能是你记忆里某件印象深刻的事情，由那件事情对你的影响渐渐衍生出一个故事大纲；可能是你曾经经历过的一件事情，你当时以为放下了，然而多年过去，你发现每当特定的时候，这件事情就会浮现在心头，那么你总归会找个时间、找种方式把这件事情记录下来，当然讲述的方式会加入很多我们的感触和想象；也有可能是你一直以来的一个梦和一个愿望，你把这份美好的虚幻在一个故事里表达出来。而这些故事是否能写得精彩、写得感人，除了我们的文笔功底和情绪渲染，很关键的一个因素就是我们对故事里知识点的驾驭能力，这份能力的来源就是我们那些看似“没用”的兴趣积累。

我们知道现在的创作环境已经不是十五年前，现在中国有五千万网文作者，各种类型和题材都有人在写，那么想要脱颖而出，你写的故事一定要有一定的类型感。在你的故事边界内，你所刻画的人物和故事要有一些专业壁垒，这样读者看着会有更多的收获，你也可以从很多同类型题材中保有差异化价值。如同天下霸唱写《鬼吹灯》，故事里的盗墓知识还是要有一定的基础的，至少让大家看起来似真似假，不要一看就是纯粹意淫。

那么如何善待兴趣，教练总结了几条经验，仅供大家参考，不喜勿喷。

兴趣要有侧重，不宜过多，也不宜都是半桶水。如果你有一个兴趣，是让你感到参与即是快乐的，那么就多花些心思，多投入些时间和精力。我们每个人可能都只有一个兴趣，那么一定要有一个最为集中和突出的，其他的可以弱一些，而且最好的兴趣数量是三个左右，过多精力会匮乏。

对待兴趣要专情且长情，不宜滥情。兴趣就和我们所爱的人一样，你给予的越多，她给还你的就会更多，如果你不停更换，最终会迷失在自己不成熟的好奇心之中。

要保持学习的心态。我们培养兴趣和参与的过程当然是享受的，但是这过程中我们也应该时刻保持一颗求学之心，不仅要知其然，更要知其所以然，要学习有关兴趣的更多方面，才能让兴趣成为我们进步的每一步。

用感性的力量，分享你的世界

在说到这一部分的主题之前，教练想请大家做个小游戏。

大家有没有做过这样的尝试，就是每隔一段时间，就对自己这段时光的经历做个回顾，然后把中间难忘有趣的那些故事记录下来或是分享出去，有这样做过的朋友有没有感到生活会更加轻松一些？而且这样的尝试会培养出我们的一种习惯，我们会把生活中所有有意义的事情在脑海里串成一个故事，这个故事时而会让我们会心一笑。

如果有些朋友说已经很久很久都没有过这样的尝试了，那么请想想，我们是不是在成长的道路上忘记了某些对我们而言很重要的事情呢？小的时候每天放学回家，父母都会问我们白天在学校发生了什么？而今我们也会每天这样问自己的孩子，每周给在老家的父母打个电话，电话里的家长里短是否还是那样怎么都聊不完，还是我们在几句重复的问候后就再也无话可说？时光荏苒，岁月不应该磨平我们该有的那份赤子之心。

当我们还对生活里那些真实而细小的事情铭记并且分享给关心我们的人，那么我们的生活里就总有阳光，而这样的故事，哪怕再小，也依然放着光，可以感染读懂它的人。就如同日本有本很出名的儿童读物，叫作《窗边的小豆豆》，这部小说的灵感来源就是作者自己童年时的上学生活。作者用小豆豆这个角色分享了自己关于上学这件事情的经历，在真实的故事上加上了一些想象，最后这部小说成了感动无数家长和孩子的经典儿童书籍。我想这部小说的作者一定是个很爱分享自己故事的人，因为若不是那些亲身经历的小事，又怎么能打动无数有同样体会的我们呢？

说到分享，我们还不得不提到一种力量，这份力量叫作感性。有的时候我们读一个故事，可能辞藻华丽，叙事严谨，可能这是个非常好的故事，但看完后我们没有在故事里看到自己内心的感触，合上书本，我们可以很客观地评价这是一部好作品，然而却无法很激动地和身边的人强烈推荐说这是一部好作品，同样是文字，写到离大脑更近的地方，是份道理；写到离心更近的地方，是份共鸣；写到离梦想更近的地方，是份寄托。

在这里教练希望大家能尝试着恢复一些我们曾经无比享受的行为，每周回家陪陪父母，离得远的至少打个电话，和父母讲讲自己这一周的经历，哪怕都是很平常的事情，哪怕都是重复发生的事情，但是当你还有那份愿意和父母讲述的初心，你就不会忘了自己曾经像个孩子一样单纯的样子，而父母并不在意事情本身，他们更关注的是你很好，你对他们也依然很好。

隔一阵子和好朋友们一起分享工作和生活上的心得，别太计较别人是否挑剔，你讲述的过程是对自己最好的梳理，试着在这个过程中加进去自己的情绪，有些情绪放在心里是负担，讲出来后你会轻松很多。

生活注定是复杂的，而我们应该留有一份单纯，那些赤子之心让我们离该有的情绪更近，让我们始终活得柔软，不是硬邦邦的机器。

创作天赋的培养不应该只服务于写作这一件事情，当然我们的目标包含写作，但是培养我们每个人创作天赋的本身就是培养我们更好地去解读生活，去体会世态，俯仰天地，不断寻找生命的意义，静听花开，反复思索活着的乐趣。我们应该有一种能力，可以讲好我们自己的故事，而这种能力就是创作的天赋，我们也值得给自己的人生留下一个故事，记录那些我们经历过和希望去经历的一切美好事情。

最后教练希望大家都能尝试着给父母打个电话，好好地像孩童时一样讲述自己最近的经历，也希望大家能试着感性地讲述你的故事，如果可以欢迎大家留言给教练。

用欣赏的眼光享受不同的内容

以前上学的时候学过一句话，说是“读书百遍，其义自现”，我们知道这句话是鼓励我们多去读书。当我们读了足够多的书，读了足够多遍之后，我们自然而然就会懂得书中的道理，从而有了自己的道理。那么这句话是否也适用于我们培养自己的创作天赋呢？

我想很多朋友都很喜欢看书，看电影，看电视，看动漫，然而有时我们是单纯地打发时间，放空大脑，所以这时候我们往往会选择剧情流畅，节奏明快，相对简单直白的内容来看，然而有时我们又很喜欢看些需要深度思考的内容，其实不管出发点是什么，只要是好的内容，我们都可以花点时间回顾内容给我们留下的印象，如同我们看过凯文·凯利的《必然》，在工作和生活中我们所遇到的很多事情其实都在印证着书里的观点（例如关于每件事情的基因决定后续的成长方向等），我们从书中得到知识，再在生活中去印证和体悟，最后这些知识就会成为我们自己沉淀的智慧。

创作天赋的养成和这个过程非常相似，我们从一个个文学作品、影视作品，甚至是动漫作品中欣赏一个又一个精彩的故事，体会各种不同风格、不同形式的内容，然后在众多的选择中找到自己所喜爱的那一条路，于是我们开始一点点看清楚自己脚下的路和自己心里的故事方向，然后再在我们的生活中不断去印证和寻找这个方向上给我们的感动以及难忘的那些素材，最后所有的片段汇聚，这个时候我们自己心里的故事就已经开始生根发芽。

当然很多朋友可能会说，这些做法听起来很简单，但却无从下手，或者让原本单纯的享受变得复杂，其实在教练看来这样的尝试不会给我们欣赏内容带来负担，反而会让我们增添很多惊喜。这里教练分享几种方式给大家，仅供参考尝试。

第一，角色带入，这种方法很适合用于读小说时使用。当我们看到一部很喜欢的小说，我们可以在里面寻找到自己喜欢的角色，然后将自己的情感带入到角色身上，跟着角色一起去经历整个故事的发展。当然如果用情很深，我们也可以尝试着自己写喜欢的角色的同人文，开始慢慢培养自己在一个现成的世界观体系下创作独立故事的能力。

第二，剧情侦探，这种方法适用于电视剧。因为电视剧一般都是日更或周更，所以整个电视剧全部看完需要一个周期，那么我们可以在每天看完剧集后，对后面的剧情发展做一个自己猜想的假设，说不定你会发现你所设想的故事比电视剧本身更加有趣呢！

第三，高能解析，这种方法适合用于看电影时应用。电影的时长较短，要把所有想法和故事都放在有限的时间里讲清楚，有时很难做到，全讲清楚的做法也并不艺术，所以很多时候在电影故事背后有着更深的立意想要传达给我们，这个时候我们不妨揣测一下故事背后导演想要传达的那份期待，就如同宫崎骏的动画电影总是在看似普通的故事里藏着对这个社会的善意提醒。当然近几年因为漫威电影崛起，大家都喜欢在电影里找彩蛋，其实很多非漫威的电影里或许没有所谓的彩蛋，可是隐藏的那些关于社会和人文的思索同样值得我们去探究，而且通过这样的尝试，我们就仿佛在电影的载体上和导演来了一次对话，这对我们解构整个故事，在构建自己的故事框架和培养自己的世界观体系时会有很大的帮助。

最后教练要说，其实写作是件辛苦的事情，虽然现在有电脑，有写作工具，但是依然很耗体力和精力，虽然这个过程我们很享受并且愉悦，但是仍然需要我们有很大的毅力和决心。希望未来文字能够成为大家的知己，用来记录每个人心里最真实的感动，也为了承载着那些代表不同生活向往的故事，去感染更多的人。

创作的天赋是我们每个人生来就具备的本源天赋，我们只需要通过一些习惯的养成去调动这个最原始的组织单位按照更合理的次序排列起来，就会组成我们每个人自己独一无二且受用终生的创作天赋！

番外二　如何开始你的创作

在前面的内容里，教练和大家分享了关于如何培养创作天赋的一些心得，那么有些朋友可能会问了，如果我们开始有了创作的兴趣，也具备了足够的天赋，如何开始创作呢？那些故事、那些文字不会凭空出现，曾经最多也就写过八百到一千五百字的考试作文，如何去驾驭一个几万，几十万，甚至上百万字的故事呢？

别急，接下来教练会一步一步陪着大家一起摸索找寻如何开始创作的每个步骤，并且和大家一起开始创作我们每个人心里的故事。

首先我们需要有个世界观

俗话常说“万事开头难”，很多事情开始的好坏就决定了整件事情的结果，就如同我最初想要打造这样一档解说 IP 价值的内容，完成最初的构想花去我最多的精力，也花费更多的时间。所以我们想要开始创作一个故事，第一步很关键，那么第一步最先该解决什么问题，是我们首先要想清楚的。

说到创作，其本质也是对世界的一种探寻，我们通过文字去刻画我们印象中的世界，用故事去演绎这个世界的缩影，最终要表达的是我们对这个世界的态度和向往。所以一切的开始应该先有个世界。

其实我们在看书、看电影、看动漫作品的时候也常会提出这个词——“世界观”，很多内容作品或许在很多方面都很出色，但是一旦世界观崩塌，整个故事也就失去了根本意义，所以我们创作的开始，应该从思考打造一个什么样的世界，代入一种怎样的世界观开始。

我们先来说说打造世界。对于创作而言，打造什么样的世界，往往决定了我们能够讲一个什么题材的故事，更关系到我们在这个故事里能够发挥想象的边界有多大。例如你定位在一个完全凭空捏造的奇幻异世界，那么这个世界的规则就需要你来制定和解释，当然你所刻画的世界肯定依然会有一些有机可循的影子，或者像西方的魔幻世界，或者有东方的文化气质，因为世界的样貌和一些规则可以因脑洞而天马行空，但世界的文化本源却源于我们每个人自我的文化沉淀。所以如果你有一个非常想要讲述的故事，那么根据这个故事的内核，去打造一个适合故事生长的世界，是我们开始创作的第一步。

世界有大有小，世界观却很难说高低，当你想好了要架设一个怎样的世界后，这个世界的世界观就会成为故事里那一方天地的规则，既是读者了解整个故事的基础设定，也是整个故事想要表达某种观点的立意之本。

打个比方，如果你想讲的故事是你的孩子，那么你要先给你的孩子打造一个他降生的世界，然后给这个世界一个合理的规则，这样你的孩子才会在这个世界里按照一个正确的方向不断成长。

明确关键人设和价值观体系

当我们有了一个可供故事发展的世界后，我们需要有主导故事走向的关键角色，通过这些角色去演绎我们想要讲述的故事，这些角色可能是我们自己的投影，也有可能是我们最想成为或最想刻画的那个样子，代替我们去那个世界里做我们认为应该做的事。

所以关键人设的设计是整个故事是否精彩、是否讨人喜欢的关键所在。如果说世界和世界观的打造是为了让读者了解故事的边界以及对建立基础的认知和认同，那么主角们的人设就是为了给读者以代入感，承载不同的生活价值观在故事的世界里活出各自模样的要素。

说到人设，有几点是必须塑造好的。

第一就是人物的背景设计。不同角色的身世背景、背负的使命、从哪里来，这些因素决定了角色的根基和天赋，是影响主角前半部分走向的主要条件，主角最开始进入世界，发现世界，甚至在剧情走向中做出不同选择的原因大部分取决于背景设计带来的前期心智塑造。

第二则是人物的本性。这一点很难，很多故事也都是在这里做得不够好，有的时候给角色灌输了“非人”的本性，就有了我们看到的吃人的角色和不能从一而终的角色；塑造得好的，会瞬间让人为其打动，如同《剑来》里的陈平安，身世决定了他早期对生活的理解，本性又支撑了他活得自有道理的精彩。

第三是要给人设一些标签。所谓标签可以是外貌上的特征，也可以是习惯性的台词或动作，这些标签一方面是为了让角色更有特点，更有差异性，另一方面也是为了让读者加深对角色的记忆，强化喜好感，也培养 IP 的粉丝化价值。

完成了人设的打造，接下去就要完成这些主要角色的价值观体系搭建。每个角色有其独特的价值观，而整个交错而成的价值观体系将成为整个故事是否能获取读者认同感的关键。

拟定故事大纲和主要矛盾

确定了前面几个最重要的核心要素，那么我们就要着手开始理顺整个故事。这一部分我们要解决几个问题，第一就是到底要讲一个怎样的故事。可能这个时候我们心里有个故事的雏形或者内核，但并不完整，那么就需要有个系统的梳理过程，让我们在真正开始写整个故事的时候不会忘了关键的内容，也不会跑偏，节奏不会乱掉。第二就是要如何讲这个故事。一个好的故事同样需要很高超的讲故事的能力，有些时候故事是非常棒的，但是讲故事的能力实在太差，导致整个故事读起来不吸引人，逻辑也不清晰，所以可读性大大降低。

那么怎样解决这两个问题呢？这里就要求我们先拟定故事大纲。可能有些朋友不太喜欢做大纲，觉得没必要，不但浪费时间，而且会框住写作思路。其实并不是这样，拟定故事大纲，就如同我们盖房子要先设计好整体的框架，然后再进行具体的工程。

如何拟定故事大纲呢？教练习惯的方法是，第一步，先确定整部作品的大主题，确定书名，然后划分大的章节和每个章节要讲述的内容，再归纳出章节的名字，最后确定每个章节的篇幅和字数。

第二步，在每个章节里装进主要情节。每个章节虽然都只是故事的一部分，但是都应该有其独立的故事节奏，在一个大的章节里完成一次剧情的起承转合，既推动整个故事主线的发展，同时又具备独立的阅读体验，有叙述，有铺垫，有高潮，有反转，有留白，有收尾。

第三步，根据讲故事的习惯调整整个故事的讲述顺序。有些故事适合一气呵成的平铺直叙，有些故事需要打乱节奏的倒叙，插叙。如果你要讲述的是一个热血澎湃的故事，那么就不宜有太多回忆和打乱主线剧情的部分，如果是悬疑或烧脑的故事，那么为了避免剧情的泄漏就要避重就轻地讲述故事。

我们完成了整体的大纲后就要着手为整个故事提炼情绪的核心，也就是故事的主要矛盾。这里有的朋友会问，故事非得有矛盾吗？可不可以没有矛盾，一团和气？怎么说呢，这里说设定主要矛盾不是说非得给故事找些纠纷和麻烦，而是每个故事因为不同角色的不同价值观，也因为世界里不完全统一的对世界观的理解，就自然会出现不同的坚持，这些不同的坚持起初或许各自安好，但是当大家都走到某个阶段的时候就不得不面对彼此，从而发生矛盾，这是社会的必然，也是故事里自然而然会产生的，故事的精彩程度也取决于主要矛盾的设定。

有时故事的世界很宏大，人物很突出，然而主要矛盾却如小孩子过家家般儿戏，就让整个故事不够深刻，所以这里说到的主要矛盾影响的就是整个故事的立意。有些故事的矛盾是探讨面对天道的态度是顺从还是反抗，是依附还是革命；有些矛盾是和我们生活相关的，对待爱情，对待婚姻，对待子女的看法和做法，这些矛盾综合起来恰恰就是我们面对人生的每个选择，以及这些选择背后我们所相信的道理。

情感的渲染和剧情的打磨

我们有的时候会读到这样的故事，感觉故事的世界并不大，设定也没太多惊喜，然而却让我们无法自拔。一般这样的故事都得益于作者精湛的文笔和细腻的情感描写，故事的篇幅都不会太长，在一个小的架构下，写着一些我们所熟悉的家长里短，儿女情长。虽然看似平淡无奇，却能勾起我们内心对纯真的那份渴望，或是带动我们怀念生命里的真挚与美好。

之前我们讲培养创作天赋的时候说到过，要做一个感性的人，要热爱生活，要坚强勇敢却依然内心柔软，就是为了让我们能够有放慢节奏、细心观察生活的耐心，去看夕阳下飞鸟偶尔飞过天空，晨练时相互搀扶的老人，疲惫生活里的相视而笑，时隔多年的久别重逢，孩子带着期许的清澈目光，父母一根一根白了的倔强头发，当这些生活的细节在我们的故事里被描写，被演绎，那就是生活献给艺术的精华，是我们笔下故事和现实生活链接的通道，让虚构的故事有了真实的生命。

创作如同生活，至动情处，无声胜有声，所以在情感描写时，不宜过满，情绪的渲染也不要一味地叠加，有时情快满时的一丝留白往往更加有力量。这里给出的缺口恰恰是每个读者自己情绪的宣泄，因为每个人都会在故事里找到自己生活的影子，最后填进去的就是自己的真情实感。

当然除了情感，剧情是整个故事的关键，这个话题要展开也会有太多讲不完的内容，那么教练在这里想讲的是关于剧情的一些建议。首先，如果是刚开始尝试创作，我不建议对剧情玩太多套路，华而不实，不如就脚踏实地地写，不用加入太多的技巧，让整个故事行云流水，一气呵成最为重要。

如果你已经是成熟的作家，开始尝试突破自我和创新，那么对于剧情可以用伏笔和反转来调动读者的感受，加强故事的冲突性，也强化故事主旨在读者心里的印象。

其实关于创作还有很多可以讲述和探讨的，也有更加系统的基础教学体系，教练这里并不是正式的系统课程，更多的是关于创作的速成或者说重要心得，有些东西不如系统来的全面，但也有东西是课本上不太容易学到的。

说了这么多，我最希望的是大家能够保有一份对创作的热情，时常怀揣一颗对文字的敬畏心。要知道，文字是传承文化的基本符号，我们用文字写下的故事在今天是文章，在未来可能就是历史，中华文明五千年传承不断，正是因为有太多华夏的先贤愿意用毕生时间投入创作，留下无数佳作，告诉我们他们那个时代的世界的模样，他们世界的道理，以及他们想象和憧憬的那片天地。

最后祝愿所有阅读这部小说的朋友，都能成为大千世界里谱写人生故事的创作人。

番外三　网络文学的全版权之路

第一节 网文全版权业务的1.0世代：流量传奇

一、风起：无心插柳

曾几何时，国内的内容产业一直处于各自细分也相对独立的状态，电影、电视、文学、动漫、游戏、音乐等内容都有各自的行业规则，发行平台、变现方式，甚至是不同的创作者来源，所以这个时期的版权主要是从法律层面的对原创作品进行保护的一种权利，值得大家关注，也并不被大家重视，所以说那些年间中国的文娱市场是基本没有版权市场这个概念的，随之带来的就是版权法和版权保护意识在中国一度迭代得并不快，完善效率也并不高。直到后来不同内容形态就同一个创作故事开始尝试联动整合，起初如轻鸿一瞥，便一发不可收拾，因为同一个创作故事在不同内容形态下的开发极大程度地释放了优秀作品本身的价值，并且不断迭代着整个内容产业的规则，甚至推动整个产业进步，终于中国正式进入全版权时代。

网文是后出现的内容形态，市场价值在起初也并不明显，甚至可以说网络文学市场的垂直市场价值一直没有高到让人艳羡的程度。然而随着互联网时代正式到来，“用户价值”这一代表性概念被提炼出来，网文市场的用户价值迅速提高，一度达到可以冲击主流内容生态的程度，我们知道中国的网文市场之所以可以发展得这么迅速，主要有几点原因：传统出版业的高速下滑，为全民阅读需求创造了真空地带；用户除却必要的知识获取性阅读外，同样需要大量用于娱乐的休闲阅读产品。网文发展的一个重要阶段就是从电脑阅读向手机阅读转移，这个时期经历了中国手机普及率高速提升，以及不对等的手机娱乐方式和并不高速的2G 网络时代。那个时期很多用户已经有了手机，然后在2G 网络的网速支持下。看网络小说仿佛就是最好的也是最合适的娱乐选择，所以这一时期网文的用户基数迅速提升，如果那个年代有完整的数据统计能力的话，应该知道当时的用户在手机阅读网文这件事情上的日活是多高，我想这会是个让人惊讶的数据。

经历了用户阶段的黄金发展周期，网文来到了一个很重要的分水岭，继续成为满足用户阅读需求的文化娱乐产品，还是创造出文字以外的价值，也是那个时候很多的网文从业者开始思考一个问题：除了文字作品的开发，我们还应该怎样挖掘作品本身的价值？也是从那个时期开始，网文行业第一次开始为这个行业的受众人群画像，并且与和其他内容产业的受众人群作比对。

自此，正式宣布网文进入全版权世代1.0。

然而任何市场的最初阶段都是无序的，也是充满了偶然性的，网文市场也不例外，所以最初网文作品开始尝试跳出网文生态时，并不是一整个行业的有计划的场域迭代，更多的是机缘巧合下的一次美好的尝试。网文最早的内容改编应该是在漫画领域，那时候很多读者基于自己对某个作品的喜爱和对作品中某个人物的钟情，将人物以及故事同人化，于是这样一种非常社交化的方式就让很多从业者发现，其实喜欢网文的读者中很多人都同样喜欢这类型漫画作品，于是网文向其他内容形态迈出的第一步就这么开始了。其实今天我们从全版权的角度来分析，网文向漫画的过渡应该说是最无缝的延伸，因为这两种内容形态都属于版权的上游来源，所以两者的用户群像从某种程度来说也比较接近，重合度很高，观看习惯和对内容的阅读体验也最为接近，所以这两者之间的相互转换其实是顺理成章的。尤其是网文延伸到漫画，既从可视化的具象层面满足了用户对故事的印象，又丰富了整个文字故事的生命，所以说这一次网文的内容跨界是意料之中的一次成功。

然而这次的内容跨界虽然过程很顺利，但是从价值增量的角度来讲并没有给网文带来巨大的市场价值和市场关注度，更多的是增强了用户的黏性和活跃性，以及为未来的全版权开发提供了更为扎实的内容基础，而网文真正意义上的全版权市场价值的开启起始于几年之后影视剧市场无心插柳的改编动作。当时的几部古装穿越类影视剧项目几乎横扫了荧幕，俘获了大批观众的青睐，而随之浮出水面的则是成功影视作品背后故事的来源——网络文学，或许是制片方的一次大胆尝试，或许是一次筹划已久的跨屏运作，结果是这几部网文作品的荧幕尝试大获成功，被业内称为天作之合，从此开始网文踏上了真正意义上的全版权市场征战之路。

二、风急：群雄逐利

自此开始网文时代进入了内容繁荣和平台竞争的大文娱盛世，然而这个时代有着特别鲜明的特征：（一）资本入局。从能源、房地产、互联网等高速发展的行业积累的财富资本迅速涌入文化市场，期望于助推这一光环加身的行业快速发展，从而在资本市场获利，所以资本进入文化行业的最初确实为行业提供了更多可使用的资金，让很多好项目能够筹备落地，从梦想走进现实当中，然而随着时间推移，资本逐利的本性开始暴露出来，再加上对行业不够了解，最终并没有真正赋予行业可持续的价值；（二）视频网站的异军突起。视频网站的诞生和高速发展，很大程度上打破了原本内容与播放渠道之间的关系，整个内容生态的供需关系出现了新的模式。原本对影视剧等内容的需求量基本处于长期稳定的状态，所以不管是影视剧的采买价格还是生产周期都是一个波动很小的状态，可是由于视频网站迅速崛起，对内容的需求量加大，影视剧内容的价格水涨船高，内容的生产周期也大大缩短，于是各种不同品质的内容开始出现，而网络文学就成为加速影视剧生产最好的办法之一，现成的故事改编，缩短了剧本生产时间的不确定性，提供了大量的原始故事来源，而且有了个别异常成功的案例，导致内容公司和平台公司都对网络文学改编一事持积极态度，网文版权一度成为行业抢手的标的资产；（三）IP 概念横空出世。起初 IP 只是知识产权或版权的英文缩写，但不知道什么时候开始，IP 成为一种内容资产的代名词。首先教练对 IP 是持肯定态度的，但是如果界定其是否是 IP 以及如何圈定其价值，我认为需要严谨的评估和系统化的测试，并非一些简单的数据就能代表，而且 IP 对内容有非常大的加持，但并非万能。话说回来，最初这个概念出来的时候，正赶上网文改编大热的时期，于是在资本、内容、平台几方共同的努力下，网文的 IP 价值被放大到了空前绝后的程度，一部小说版权高达几千万，一个知名作家作为股东的公司估值就可以高达几个亿，然而大家疯狂入股版权公司或购买版权的同时并没有思考版权后续开发的事宜，优秀的网文版权确实价值连城，但却需要同样用心的全版权开发策略，否则光靠网文本身的成绩并不能保证后续改编的影视剧的成功。

这期间网络文学平台也发生着格局上的变化，从最初的起点一家独大，到之后纵横中文、掌阅科技、书旗小说、晋江文学、黑岩小说、凤凰文学、咪咕阅读等众多小说平台涌现出来，也带动更多的作者诞生，网络文学进入百家争鸣、千文竞艳的高光时代。很多作者从最初辛苦码字的梦想少年，成长为身价过亿的版权大佬，有很多我们耳熟能详的“大神”名字摇身一变成为公司高级合伙人或是自立门户当起了老板。例如，辰东很早就带着自己的头部作品《神墓》入驻游戏公司，除了作家还多了一层游戏公司高管的身份。唐家三少作为网文届出名的劳模“大神”，入行早，作品多，更新稳定，作品平易近人，所以受众非常广泛，可以说是粉丝量最多的“大神”作家，他凭借版权的授权开发和付费阅读一度成为中国作家年收入冠军。天下霸唱和南派三叔凭借盗墓类题材一度成为影视改编的首选“大神”作家。这样的成功案例在网文第一个黄金时代比比皆是，也带动了更多年轻人投身网文创作，从兼职到全职，从兴趣到职业，从碰碰运气到赌上梦想。

再来说说这个阶段所产生的其他延伸价值。平台因为购买大量网文版权，从而开启了自制道路，用现成的网文版权制作一些适合网络生态的快餐内容，内容本质虽然不能说很好，但是建立在网文故事基础上的网络电视剧、网络电影更适合互联网流量为核心的生态环境，于是资本 - 平台 - 影视剧公司 - 网文平台 - 作者就建立了国内最初的泛娱乐产业链条，这一产业链带给中国文娱市场第一个十年高速发展期。然而资本推动了发展的同时，也造就了很多弊端，最终这一模式还是迎来了从政策、到市场端的双重挤压，情势急转直下！

三、风落：梦幻泡影

随着“互联网 + 金融”双引擎进入市场，改变了原本的市场规则，全球各行业的经济周期都大大缩短，网络文学的第一次全版权发展周期（简称1.0世代）在影视行业调控震荡和资本退场的影响下走下神坛，网文版权的价格也一落千丈，市场仿佛一夜之间回到了最初的起点。

写到这里，教练想和大家一起回顾一下推动这一结果的几个重要事件：（一）头部网文改编作品的重大失败。虽然网络文学作品改编影视剧的成功案例很多，然而随着改编节奏越来越快，题材选择越来越大胆，一些不宜改编的题材也被买来改编，再加上没有足够的制片周期，导致出来的作品效果让人大跌眼镜，这里教练就不一一列举，相信大家心里也是有各自的答案的。这些失败案例对网文全版权开发可以说是重磅打击，头部网文失去了助推成功的光环，资本亏了钱，也对这类型的模式开始谨慎，影视公司发现这条路也并不是一条能够持续长久的出路，一瞬间风头急转。（二）整个产业链条的资金短缺。影视产业一直是很需要资本支撑的行业，资本热潮时整个行业都会呈上升趋势，连带着前端的网文版权，后端的游戏衍生都会蓬勃发展，而资本投入到行业链条中，最终资本退出时并没有得到预期的收益，就导致资本的全面退场，再结合近几年资管新规出台，整个国家的资金收紧，原本投资影视的能源大佬、地产大佬、互联网大佬相继遇到各自的行业下行，导致主要投资人资金吃紧，机构的资金又管控变严，一下子原本不差钱的市场变成了找不到钱的市场。（三）早期的“大神”作家成功完成财富积累，各自成立工作室，网文进入到了一个拐点时代。这个时代写网文的人多了，可是最初那份悸动少了，字数多了，题材的创新点少了，或许是头部作家变现过于成功，导致很多年轻作者追逐财富效应，题材上、风格上都往成功作品靠，导致一时间整个网文行业、各大平台的主流作品同质化太过严重，而且作品过于倾向于网络阅读生态，拴住读者引导付费的模式多了，沉下心打磨好故事的初衷淡了，久而久之，优秀的作品往往凤毛麟角，可遇而不可求。

潮起潮落，行业都有自己的经济周期，网文全版权业务的1.0世代在不知不觉间回归平静，静待行业的第二次蜕变来临。

第二节　网文全版权开发经典案例点评

互联网时代确实是这个时代最大的变量因素，将传统媒体代入了数字媒介时代，媒介的多元性开始产生，媒介的市场角色也开始变化，同时变化的还有媒介承载的内容，内容的“饿文化”属性发生了变化，某种程度上可以说是一种文化失衡。互联网媒介上的很多内容向大众文化和消费型的快餐文化转变，所以文学的形式以及审美标准也开始由互联网年轻人群重新定义。网络文学开始广泛渗透到大众文化各个领域，同时高速发展的影视行业又遇到剧本创作匮乏的供需不平衡，这就给了网络文学的影视剧及全版权改编最好的发展时机。

网络文学为影视剧提供了多种多样的题材内容和脑洞大开的主题思想，其在改编的过程中，艺术形式、审美风格和消费特质也发生着变化。

严格意义上，2004年是网文改编影视剧的源起之年，那年第一部由网络小说改编成影视剧的是痞子蔡的《第一次的亲密接触》，之后中国网络小说改编成电影、电视剧、动漫、游戏的作品已超过千部。特别第一阶段的影视黄金周期，《泡沫之夏》《宫》《步步惊心》《倾世皇妃》《花千骨》《三生三世十里桃花》《微微一笑很倾城》《琅琊榜》《鬼吹灯》《盗墓笔记》《全职高手》《斗罗大陆》《诛仙》《将夜》等“网改”影视剧、动漫作品持续热播，一路飘红，这似乎在宣告中国网络文学与影视动漫联姻的黄金时代已到来。

接下来教练挑选了一些有代表性的经典改编案例给大家点评一二。

案例一　网络小说改编的开始：《第一次亲密接触》

作为网络小说的开山作品之一，最初是在BBS论坛上连载的，严格来说那时候的网络小说发行环境并不成熟，然而即使如此，这部小说还是出人意料地在互联网上掀起了一股热潮。痞子蔡用更年轻的笔触刻画了一段凄美的爱情故事，文中语言风趣而易于传播，人物角色的塑造特色明显，甚至成为当时年轻人谈恋爱时最喜欢借用的情书风格，以及内心对爱情憧憬的模样。这部小说教练看过，实体书也买过，至今还记得那时候轻舞飞扬给我带来的那份触动，我想这也是影视公司看好并予以改编的原因所在吧。

小说是1998年开始创作，2000年在上海以话剧的形式改编出现，同年改编成电影，2001年在北京上演话剧，2002年改编成越剧，2004年改编成电视剧。当时的影视市场肯定不能和现在比，所以数据成绩不能说很夸张，但是这种突破对于整个行业是革命性的，大家是否还记得这部作品给你留下的感动?

2001年电影版的出品公司是学者有限公司，发行公司是美亚娱乐资讯集团有限公司和上海电影股份有限公司，主演是张震、陈小春、舒淇。2004年电视剧版的出品公司是江苏长三角文化传媒有限公司，主演是佟大为、薛佳凝。电影版和原著更加一致，电视剧版在原著基础上有丰富了故事内容，更加凄美动人，电视剧版是在南京完成的拍摄，所以南京很多有时代痕迹的景点也都体现在里面。电影版的版权现在在星皓影业手中，已经完成备案应该是计划重拍。

案例二 极具代表性的宫廷古装大戏 :《甄嬛传》

最初看到《甄嬛传》电视剧时我根本没想到这竟然改编自网络文学，感觉上整个故事的厚重感和严谨性很像传统文学，原著连载在晋江文学上，创作时间2006年，作者吴雪岚（流潋紫），小说获得过2007年第二届腾讯网“作家杯”原创文学大赛冠军,《2017猫片·胡润原创文学IP价值榜》发布,《后宫·甄嬛传》排名第六。电视剧于2011年出品，一开播就取得了惊人的成绩，收视率破1，最高到1.954%，首轮播放完更是被多家电视台、网络平台争抢购买复播，也是有史以来重播次数最多的电视剧之一。

《甄嬛传》的网文算是早期的一部佳作，其实那个时代整个改编的热潮还没到，大部分优秀的作品并没有被改编成经典的影视剧，不过《甄嬛传》的运气显然不错，不仅被购买了影视改编权，而且遇到了郑晓龙导演，成就了这样一部经典的网文改编清古装宫廷电视剧，也成就了演员孙俪。这部作品的改编成功在教练看来主要是女频小说崛起的一个信号，这种题材在女性用户心中呼唤已久，可以说《甄嬛传》这样一部现象级的作品是一定会出现的，即使不是这部小说也一定会有一部同类型的其他小说改编出来满足女性观众的渴望。

案例三 男女老少通吃：《琅琊榜》

如果说2015年最热播的电视剧是哪部，我想大部分人心中会浮现出一个名字《琅琊榜》，这部电视剧的成功是一次全方位无死角的成功，从故事到演员、从讲述方式到作品质感、从音乐设计到美术表现，可以说《琅琊榜》的优秀让人挑不出什么毛病，而这个故事的原著同名小说在起点女生网上连载，作者是知名作家海宴，作品获得2015年网络文学双年奖银奖、2016年中国版权金奖作品奖、2017猫片胡润原创文学 IP 价值榜第五名。原本的作品在连载时就已经备受关注，很多读者对这部小说的评价非常高。客观来说，这部小说本身的故事性很强，文学造诣也不错，在网络文学中算是非常杰出的作品，其篇幅和故事内容都是非常适合改编的，当然最终电视剧的改编成功也和电视剧主创团队有很大的关系。

《琅琊榜》电视剧的出品公司是山东影视和儒意影业，导演是孔笙、李雪，主演有胡歌、王凯、刘涛，湖南电视台首播，视频网站全平台同步上线，最终取得了电视台黄金剧场收视率第二，互联网视频网站播放量破35亿，荣获第30届中国电视剧飞天奖优秀电视剧、2015年国剧盛典年度十大影响力电视剧、第6届澳门国际电视节优秀电视剧、第12届中美电影节优秀电视剧、第19届华鼎奖中国百强电视剧第一名。

从上述播出成果来看，这部电视剧的改编可以说是名利双收，这也为同类型题材改编电视剧创造了很好的学习样板。在教练看来，这部作品改编上最成功的地方在于几个方面：1. 故事严禁而不拖沓；

2. 54集的电视剧并没有让观众感到注水严重，情节紧凑；3. 演员的选择和原著人设的刻画非常接近，满足读者心中所预期；4. 世界观部分的导入干净利落又细致入微；5. 好的作者 + 好的电视剧主创 + 互相尊重和理解的态度 = 最终不辜负期待的作品。

案例四 都市偶像题材代表作品：《何以笙箫默》

2006年一部名不见经传的小说默默地开始在网络上连载，但是"晋江文学顾漫"这样六个字简单而直接的标签却已经暗示了这将是一部非凡的作品。要知道晋江文学作为女频类独树一帜的网文平台总是能产出一些小众佳作，尤其是古言和都市爱情题材，而顾漫老师又是都市言情网文的代表作家之一，她细腻的笔锋总是能刻画出让人怜爱的角色、简单质朴的情感和缠绵悱恻的故事。所以这样的一部网文横空出世，但是在那个网文早期年代，网文版权改编还是一件大家几乎不会想到的事情，所以这样的一部好作品硬是在版权库里一躺就是八年。直到2014年，上海剧酷文化传播有限公司将这部作品改编成电视剧，于2015年在江苏卫视和东方卫视首播，网络平台全平台同步播出，一经播出就取得了非常出色的成绩，江苏卫视平均收视率1.23%，其中22集破1%；东方卫视平均收视率0.953%，其中18集破1%。互联网平台播放量破130亿。荣获2016年中国电视剧品质盛典观众最喜爱电视剧和电视剧品质奖、国家新闻出版广电总局2015中国电视剧选集，主演钟汉良、唐嫣分别获得第17届华鼎奖中国百强电视剧最佳男、女演员 和2015年乐视生态共享之夜年度最受欢迎演员。同年推出电影版何以笙箫默，上映首日票房6300万，总票房3.4亿，乐视影业出品。

这样一部优秀的网文作品，即使尘封了数年，也依然有人会发掘出它的价值，即使跨过将近十年的实践，它的故事依然足以打动观众。如果说成功的原因，在教练看来主要是因为这是一部不落俗套、不随波逐流的网文作品，在大环境都是水字数、升级或循环的故事中，这样一部干净纯粹的都市言情网文，让人看得舒服，而整个故事有时代的背景，又没有太深的年代烙印，电视剧版的拍摄和演员的诠释同样很到位，所以一系列正确的操作下成就了这样经典的网文改编案例。

案例五　古装仙侠上演收视神话：《花千骨》

同样来自晋江文学女频的仙侠小说《花千骨》2008年开始连载，作者是fresh果果，这部小说的故事成色就比较网文向了，讲述了一个充满想象力的仙侠故事。故事围绕正邪之争，师徒之恋，带着读者一起体会了整个世界的奇幻修真，也感受了男女主角之间曲折离奇的爱情故事。女频修仙网文，这一定不是第一部，但却是最有代表性的作品之一，这部作品在爱情和仙侠的比重上拿捏得很好，整个故事剧情饱满又兼具偶像气质。

2014年，慈文影视出品该小说的改编电视剧，2015年正式播出，首播频道为湖南卫视，互联网全平台播出，最终取得中国电视剧网络播放量200亿破最高纪录（突破200亿）、电视周播剧收视最高纪录（全国网最高3.89）、由影视剧带动衍生相关产业收入的最高纪录（游戏收入每月2亿左右）。荣获2015年国剧盛典年度十大影响力电视剧、第十一届电视制片业“电视剧优秀作品”奖、“尖叫2016爱奇艺之夜”盛典上获封“年度剧王”称号、2016年赵丽颖被评为第28届金鹰奖观众喜爱的女演员奖。

可以说《花千骨》的成功是时代造就的，2015年正值国内电视剧市场开始发力，很多新的题材开始出现在电视里，互联网平台也给予了网文改编电视剧极大的善意和包容性，各种各样不同类型的网文题材被改编成电视剧，其中古装仙侠类因为受众群体广泛，本身就很受观众期待，所以说《花千骨》的火爆在教练看来是一个时代背景下的必然结果。

案例六 网文改编的现象级事件：《三生三世十里桃花》

要说网文改编的电视剧作品中哪一部是影响力最大，也最让人耳熟能详的，我想一定有很多人的答案是《三生三世十里桃花》。这部作品的作者是唐七公子，连载于晋江文学，连载时的成绩就非常出色，从网文阶段就备受关注。当时最初版权被华策买下准备改编成电视剧的消息一传出，就吸引了非常多的观众看好和期待，大家都相信这样一部优秀的网文故事在国内头部影视公司华策的改编制作后一定会成为更加优秀的内容作品。

电视剧是2017年年初首播，首播频道是东方卫视和浙江卫视，互联网平台由腾讯、优酷、爱奇艺同步播出，东方卫视收视夺冠，收视率为1.68%，浙江卫视收视列位第三，收视率为1.285%，网络播放量破300亿，荣获2017年中国泛娱乐指数盛典 ENAwards 最具价值电视剧，2018年电视剧品质盛典年度品质剧作、东方卫视观众喜爱的电视剧剧作、年度受网络关注女演员。可以说这次改编的成功是一次大获全胜。

值得一提的是三生三世是一个系列 IP，和以往的很多网文改编成功案例不同的是，三生三世不是只有一部的作品，而是在一个完整的世界观体系下的系列故事，《三生三世十里桃花》只是第一部，这一部的成功也为后续作品的改编提供了很好的受众基础。

案例七 东方传奇故事的全版权改编：《鬼吹灯》

鬼吹灯系列是教练认为近十年网文全版权运营里策略最为成功的案例之一，从底层的故事构造上就为后续其他内容形态的改编留出了很大的操作空间，因为《鬼吹灯》是由系列故事组成的小说，可拆分可组合，改编时的灵活性很大。而且《鬼吹灯》应该是真正意义上在版权原始阶段就进行了完整的运营规划的作品，说明作者本身的版权意识很高，而且身边也有懂得版权运营思路的伙伴，于是整个《鬼吹灯》系列作品的授权和自主开发策略非常正确，开发节奏也非常合理。迄今为止,《鬼吹灯》改编的作品包含电影、电视剧、网剧、网络大电影、动漫、游戏等超过10个独立作品，并且其中成功的有不少，这里教练挑两个改编内容给大家举例说明一下。

先说说2015年年底改编的院线电影《鬼吹灯之寻龙诀》，由万达影业、华谊兄弟、光线影业出品，乌尔善执导，陈坤、黄渤、舒淇主演，这部电影可以说还是拍出里《鬼吹灯》应有的味道，有一种东方传奇的故事魅力，最终斩获16.82亿票房，取得了口碑和票房双赢的局面。教练认为,《寻龙诀》的成功是一次好题材遇上大制作的成功，万达影业加上乌尔善在2015年的时候基本可以代表中国电影工业第一梯队的水准，再加上《鬼吹灯》精彩绝伦的故事，堪称东方版的《夺宝奇兵》。

再来说说2020年改编的网剧《鬼吹灯之龙岭迷窟》，由企鹅影视、万达影业出品，潘粤明、张雨绮主演，2020年播出的是其第一季，共18集。该剧虽然是网剧，但是凭借优质的制作，对原著高度还原的剧本，充满悬念的故事讲述方式，精准饱满的人物设计，收获了原著党和电视剧观众的一致好评。该剧对民间志异和华夏民族神话传说进行精准的描述，又不刻意渲染鬼神之说，叙事性强，18集内容，剧情紧凑，一环扣一环，再加上演员的精彩演绎，整部网剧虽然集数不多，每集也只有30分钟，但依然故事内容饱满，让人看后意犹未尽。

教练认为，整个鬼吹灯系列 IP 的开发是一次很聪明的尝试，在授权方面不做押宝和赌博的行为，找寻志同道合的伙伴们，予以不同层次的授权，众人拾柴火焰高，大家一起努力，共同将《鬼吹灯》打造成为中国网文 IP 商业价值前十名。

案例八 与时俱进的网文代表作：《全职高手》

这部小说是蝴蝶蓝老师2011年在起点中文网上开始连载的，写到2014年完结，一部讲述电竞少年成长的热血故事，整个故事充满青春正能量。然而在那个时期电竞并没有成为主流视野下的大热，可是在几年之后，电子竞技被国家认定为正规的体育竞技项目，亚运会也将电子竞技比赛列为表演赛项目，电子竞技也就走进连大众的视野，单单中国电竞的兴趣人群就有4个多亿。因为这个行业大热，蝴蝶蓝的这本讲述电竞故事的小说也跟着再一次热门了起来。

要说起《全职高手》的改编，教练认为最值得一提的是其动漫和网剧。《全职高手》的动漫是2017年改编上线的，一上线就取得了让人惊喜的成绩，全网播放量破10亿，这在国漫领域是一次重大的突破，也为《全职高手》夺得了众多荣誉，例如第14届中国动漫金龙奖最最佳营销动漫和最佳动漫改编奖、第14届中国动漫金龙奖最最佳营销动漫和最佳动漫改编奖、“年度十大最具商业价值动漫 IP”奖、金竹奖最佳商业价值奖等等。

而网剧版《全职高手》也取得了骄人的成绩。网剧由企鹅影视、柠萌影视联合出品，杨洋、江疏影主演，这样一部都市题材的网剧，很多人都认为里面一定会有偶像、爱情等元素，其实不然，这真的是一部都市竞技热血题材，里面基本没有明确的 CP、爱情线也很隐晦，更多的是讲电竞青年们为了追逐心中的梦想如何拼尽全力，热血追梦。这部网剧次元感十足，节奏紧凑，轻松而激情，是一部很难得的电竞题材改编网剧。

上述的八个案例也只是这些年网文改编的影视动漫题材当中的沧海一粟，教练选出这些案例给大家，一方面是希望大家能看到这种版权开发模式下的可行性，另一方面也是期待有更好的版权运作案例在未来等着我们。

第三节 网文全版权业务的2.0世代：故事为王

有些改变一旦开始就不会真正停止，网文的全版权业务虽然经历了第一阶段的大起大落，然而却并没有就此停止或消亡，这种模式对于整个行业的价值是有目共睹的，然而类似1.0世代一样野蛮生长的方式也并不适合当下整体收紧的市场大环境，所以到底怎样的模式才是网文全版权业务再次起航的关键所在？这条路的方向又在哪里？这些问题成为整个行业共同关注的焦点，甚至有可能是中国大文娱市场下新一轮竞争的风向标。

教练从2018年至2020年的网文全版权项目的评估中得出了一个价值核心、三种开发方向和一次模式升级。

一个价值核心：故事为王。其实说到这里，教练想反问大家一句，作为一个优秀的内容作品，带给我们最大价值的到底是什么？而这些价值又由什么来承载？有人会说最大的价值是对时代的解构，有人会说是对人性的探讨，也有人会说是对心灵的慰藉、对感官的刺激，当然这些都是我们在观看一部内容作品时所感受到的美好，也是能让作品被时间记住的关键所在，然而这一切的意义都需要建立在一个完整且有趣的故事上，离开了故事，这些都将成为无根之水，空泛而缺少共鸣，所以一个优秀的故事，通过出色的讲述方式给大家一点一点呈现出来，带领我们一起去体验另一段精彩的人生，我想这才是内容作品最核心的部分。

之前大家的方式比较简单粗暴，买数据好的头部网文，找流量明星，对接平台，拍摄制作，联动宣发，最终希望通过“强 IP+ 强阵容”就硬堆出一部成绩好的作品，到最后其实把大量的预算放在购买版权和演员部分，打磨故事的时间不够，用心制作的时间也不够，所以风险在无形中放大了很多倍。

然而纵观这三年网文改编影视剧的作品，大家开始放缓节奏，回归到作品本身来思考一个好的改编作品到底该遵循怎样的制作逻辑，什么样的网文适合改编，什么样的题材市场接受度高等等，说到这里教练有一些心得提供给依然想要购买网文版权进行改编的朋友们。

第一，字数问题。一般来说头部的网文作品字数都不会太少，所以买了这些版权的朋友在改编影视剧时往往会遇到篇幅问题，有些朋友就只能删减大部分情节，这样做的后果就是故事性不完整，原著党不买单。那么现在大家改良后的做法就是一季拍不完，拍两季，现在广电要求电视剧控制在40集内，所以基本上也就是有80集的篇幅来讲述这个故事，那么编剧老师在做改编的时候就要思考用80集能否讲好原本的故事。那么比较适合用于改编的作品字数到底是多少呢？我个人觉得基本就两个区间，30至50万字，80至100万字。一般女频都市类小说30至50万字能讲述一个比较好的故事，男频题材80至100万字的比较适合于改编。

第二，题材问题。现在每年的古装题材电视剧量是严格控制的，所以原本大热的古装类网文在购买时就要特别精挑细选，如果你是计划买来做电视剧改编的，那么你买的古装网文就必须足够好，值得你投入，否则的话，现实主题题材尤其是女频都市类和甜宠类都是改编上较容易且市场接受度高的题材。

第三，男女频问题。整体上来说女频小说在电视剧领域的改编成功度高一些，男频小说在动漫、网络电影等其他领域改变成功度高一些。

第四，内容形式问题。一般来说电视剧的改编是最为常见的，因为篇幅合适且经济转化较高，但是电视剧的受众女性是多于男性的，所以女频向或者男女皆可的题材用于电视剧改编时市场基础会好很多，而动漫的粉丝群体男生会更多些，所以动漫画改编更合适于男频小说，尤其男频类小说玄幻修仙题材较多，在动漫画改编时效果更佳。网络电影从目前的生态环境来看，基本也是偏男频一些，大部分的故事也都是玄幻灵异、古装武侠居多，音频有声的改编因为其更适合于长篇作品，所以目前的情况是男频小说更吃香一些，院线电影方面因为题材的限制性相对宽泛一些（古装题材的限制），所以男频类型的小说，或者说一些更新颖的网文都会被选择购买改编。最后就是游戏改编，游戏改编其实一直是网文改编吸金最多的部分，因为游戏玩家男性占比大，所以一般都是男频小说直接改编游戏同步发行。

其实说了这么多，网文改编在这个阶段大家最为重视的是内容本身，而改编是否能成功最大程度上取决于网文的故事本身和对故事的理解深度，怎样评估一个故事是否是好故事，如何去解读这个故事，改编时该去掉什么，保留什么，强化什么，这些是我们这些从业者最应该去学习掌握的，也是我们在当下文娱环境存在的价值。这部分教练会在之后的下一部小说或是音频内容里为大家详细展开。

关于开发方向，这里教练想和大家探讨的开发方向问题主要是关于题材和内容形式的匹配性问题，我们从几个不同内容形式的选择来分析下：

电影。电影一直是内容产业最具光环效应的内容形态，也常有人说电影是导演的个人艺术，这种说法某种程度上表明了电影对于镜头下呈现效果和故事讲述方式的重要性。所以电影到底该适不适合网文改编，或者说该选择什么样的内容，怎么改编，这里教练认为，网文也是可以成就一小部分电影的成功的，因为电影是90~120分钟的艺术作品，篇幅不长，所以很多篇幅太长、太拖沓的网文确实不适合电影，然而一些故事性新颖，系列感比较强的就适合改编电影，例如鬼吹灯系列、《微微一笑很倾城》等。当然改编成电影时，很多朋友问为什么情节上会有很大的出入，其实这里就涉及电影改编到底要的是什么。我个人觉得网文改编电影，对于电影而言网文最后的价值是世界观和人物角色的设定，以及部分故事情节，所以电影基本上都是保留世界观体系、关键人物角色，以及某些高能故事片段，其余很多情节部分电影会根据需求再造，这样既保留原著的根基不变，又能完整电影故事的独特艺术性。

电视剧。这个是现在网文最普遍的改编方向，因为电视剧有更大的篇幅来改编网文故事，而且电视剧包含网剧整体的内容市场容量也相对更大一些，所以近15年来成功的网文改编案例当中电视剧的占比也较大一些，具体的案例部分后面的案例解析会重点来讲。那么电视剧改编过程中有没有哪些题材是更受青睐的，又需要注意什么呢？首先我们拿到目前为止网文改编电视剧的成绩来复盘，女频小说成功率远远高于男频，这和电视剧受众女性占比较多，女频小说篇幅较短，女频小说玄幻修仙较少，故事言情较多都有关系。所以在过往的网文版权交易环境里，女频小说一直是热门的标的，男频小说从最初的硬改再到现在的精改，慢慢找到了自己的节奏，最初大家去买男频网文也是盯着那些玄幻修仙的大作去的，但是买回来之后发现无论是从篇幅删减、故事重塑，还是从演员选择和特效处理上有很多困难，所以只能做出取舍，最后的结果就是成品拍出来原著党和新粉丝都不买单，原著党会觉得故事偏离原著，人设立不住，新粉丝会觉得特效尴尬，故事拖沓不够精彩。那么男频小说的改编到底该何去何从？教练认为，从这几年成功的男频小说改编案例中我们可以看出，首先从题材来讲，现实主义题材的男频小说相对更容易改编一些，例如《鬼吹灯》《盗墓笔记》因为故事发生的时间离我们并不遥远，所以整个故事的可解读性强，观众不需要花费太多精力和时间去理解世界观设定。说到这里，教练想提一下电影和电视剧的观看区别，电影我们通常是在电影院完成的观影，所以我们是在一个相对封闭的空间内聚精会神地看电影，观众是很专注的状态，所以对内容的理解能力会大大提高；而电视剧大部分还是居家观看，观看时甚至有可能同时在做别的事情，或许边吃饭边看，或许边玩游戏边看，或者看一会儿被打断去做别的事情，然后回来继续看，所以电视剧不能有太过复杂的世界观和人物设定，因为可能很难和观众交代清楚，所以《鬼吹灯》《盗墓笔记》这样的故事就很容易让观众理解，观众可以当作盗墓题材来看，也可以当作夺宝题材，故事没有太多和我们常规认知颠覆的设定，相反故事是在我们所熟悉的世界中创造我们所不知道的精彩内容，既容易看懂，又满足了观众猎奇的心理。再说说其他类型的现实主义题材，例如《全职高手》。《全职高手》是一部讲述电竞选手的励志成长故事，故事和当今的产业发展趋势完美结合。当下如果说除了影视、动漫还有什么是年轻人最热爱的，那么无疑是电子竞技，尤其是电子竞技被正规化之后，不仅仅是一种年轻人玩游戏之间的较量，甚至上升成为一种体育竞技运动，电竞选手也有了为国争光的机会。那么，这样一部讲述电竞选手成长的小说故事就成了炙手可热的作品，而且这个故事发生在现代都市，所以整个故事更贴近我们的生活，其改编的电视剧选择了互联网发行的方式也更符合这类人群的观看习惯，最终的结果也是可圈可点。除此之外也有一些玄幻类题材改编得不错，例如《将夜》和《庆余年》，有意思的是这两部作品来自同一个作者猫腻，这两部作品的改编成功和作品本身还是有很大关系的，猫腻是网文作者中为数不多的文笔、故事架构、人物设定、故事逻辑都能驾驭得很好的作者，在教练心中这几方面能够表现得同样出色的除了猫腻就剩烽火戏诸侯了。我们首先来说说《庆余年》。其实《庆余年》是个玄幻外衣下的软科幻故事，故事本身对于武力的设定和描述没有很夸张，相反关于人物刻画和权谋倒是笔墨更多，所以改编后的效果也能看得到。当然电视剧的编剧和导演也是很有功力的，在这次改编上做了很多和常规电视剧不同的拍摄手法，首先电视剧《庆余年》并不像一般电视剧一样用较为平缓的节奏讲述整个故事，而是以充满悬念的开篇、略微压抑的气氛开启整个故事，故事越发展节奏越快，没有让人感觉剧情注水，相反每两三集就有一波高能时刻，更是巧妙地保留了原著的几场气氛炸裂的高光桥段。而关于人设部分更是花了不少心思，选角用心，人物刻画得特点很突出，最后播出效果可以说是大获全胜。所以从这些维度来看，男频小说并非完全不能改编，而是要对题材有所选择，同时改编之前要先想清楚我们要保留原故事的什么，要在原本故事里创新什么，用怎样的方式和节奏来讲述这个故事。

动漫。其实一直以来动漫可以说是离网文最近的内容亲戚，因为两者都比较扁平化，网文是用文字勾勒那个不存在的世界，动漫是用图像来呈现，两种内容形态的特征都是需要读者的脑补来完成故事最终的具象化实现，所以网文在改编过程中，改编动漫的成功率最高，这方面优秀的作品很多，我就简单举例几个。《全职高手》《少年歌行》《斗罗大陆》等。网文改编动漫的过程中关键还是更考验动漫的打造水平，因为从故事逻辑上，我认为动漫工作者是完全能理解网文的故事架构的，因为两种内容形态的故事核心非常接近，那么难点就在于动漫创作者如何具象地去理解网文里的人物角色、美术设定和动作分镜，并且如果呈现出来这就很考验动漫创作者本身的实力。动漫改编对于题材选择上也宽泛很多，基本上每个题材只要政治正确、故事逻辑合理都具备可改编的价值，然而动漫改编之所以没有成为网文改编的大热门，其原因还是因为动漫本身的变现能力较弱，缺少价值导向，改编成动漫可能还不如网文赚钱，所以也就没有把这样的改编兴盛起来。但是教练愿意相信，在全版权产业将要发展的今天，中国的版权下游市场会越来越完善，动漫的后端市场会慢慢兴起，这中间存在着很多巨大的商业机会，所以未来的某个时刻网文动漫改编再搭配下游变现会成为一条新的必选之路。

说到这里我想大家可以更容易理解为什么教练把网文全版权业务2.0世代的关键词锁定为故事为王，网文全版权改编业务的第二阶段的关键所在就是故事本身要足够出色，那么是不是一个出色的故事就能够保证成功？这中间是不是还需要完成某种模式上的提升呢？答案是“是的”，其实很多影视剧公司买了网文版权之后都会遇

